13896

RECUEIL
DE
CHANSONS
ROMANCES
CHANSONNETTES, SCÈNES COMIQUES

L'éditeur déclare se réserver les droits de reproduction et de traduction à l'étranger.

Ce volume a été déposé au Ministère (direction de la Librairie), le 136

ALBUM

DU

GAI CHANTEUR

TOME CINQUIÈME

PARIS

A. HURÉ, LIBRAIRE-ÉDITEUR

14, rue du Petit-Carreau, 14

1863-1864

LA VARSOVIENNE

CHANT PATRIOTIQUE

PAR

CASIMIR DELAVIGNE

La Musique se trouve chez **A. HURÉ**, libraire-éditeur, à Paris,
rue du Petit-Carreau, 14.

Il s'est levé, voici le jour sanglant ;
Qu'il soit pour nous le jour de délivrance !
Dans son essor voyez notre aigle blanc,
Les yeux fixés sur l'arc-en-ciel de France.
Au soleil de juillet, dont l'éclat fut si beau,
Il a repris son vol, il fend les airs, il crie :
    Pour ma noble patrie,
Liberté : ton soleil, ou la nuit du tombeau !

    Polonais, à la baïonnette !
    C'est le cri par nous adopté,
    Qu'en roulant le tambour répète
    A la baïonnette !
    Vive la liberté !

Guerre !... A cheval, Cosaques des déserts !
Sabrons, dit-il, la Pologne rebelle.
Point de Balkans, ses champs nous sont ouverts ;
C'est au galop qu'il faut passer sur elle.
Halte ! n'avancez pas ! ces Balkans sont nos corps ;
La terre où nous marchons ne porte que des braves,

Album du Gai chanteur.   5ᵉ vol. 81ᵉ liv.

Rejette les esclaves,
Et de ses ennemis ne garde que les morts,
Polonais, à la baïonnette !
C'est le cri, etc.

Pour toi, Pologne, ils combattront, tes fils,
Plus fortunés qu'au temps où la Victoire
Mêlait leur cendre aux sables de Memphis,
Où le Kremlin s'écroula sur leur gloire ;
Des Alpes au Thabor, de l'Ebre au Pont-Euxin,
Ils sont tombés vingt ans sur la rive étrangère.
Cette fois, ô ma mère !
Ceux qui mourront pour toi dormiront sur ton sein.
Polonais, à la baïonnette !
C'est le cri, etc.

Viens, Kosciusko, que ton bras frappe au cœur
Cet ennemi qui parle de clémence ;
En avait-il, quand son sabre vainqueur
Noyait Praga dans un massacre immense.
Tout son sang va payer le sang qu'il prodigua ;
Cette terre en a soif, qu'elle en soit arrosée !
Faisons, sous sa rosée,
Reverdir le laurier des martyrs de Praga.
Polonais, à la baïonnette !
C'est le cri, etc.

Allons, guerriers, un généreux effort !
Nous les vaincrons ; les femmes les défient.
O mon pays ! montre au géant du nord
Le saint anneau qu'elles te sacrifient ;
Que par notre victoire il soit ensanglanté.
Marche ! et fais triompher au milieu des batailles
L'anneau des fiançailles,
Qui t'unit pour toujours avec la liberté.
Polonais, à la baïonnette !
C'est le cri, etc.

A nous ! Français ! Les balles d'Iéna
Sur la poitrine ont inscrit nos services ;
A Marengo, le sol la sillonna ;
De Champ-Aubert comptez les cicatrices.
Vaincre ou mourir ensemble autrefois fut si doux !

Nous étions sous Paris. Pour de vieux frères d'armes,
    N'aurez-vous que des larmes?
Frères, c'était du sang que nous versions pour vous!
    Polonais! à la baïonnette!
    C'est le cri, etc.

    Ô vous, du moins, dont le sang glorieux
    S'est, dans l'exil, répandu comme l'onde,
    Pour nous bénir, mânes victorieux,
    Relevez-vous de tous les points du monde!
Qu'il soit vainqueur, ce peuple, ou martyr comme vous!
Sous le bras du géant qu'en mourant il retarde,
    Qu'il tombe à l'avant-garde,
Pour couvrir de son corps la liberté de tous.
    Polonais, à la baïonnette!
    C'est le cri, etc.

    Sonnez, clairons! Polonais, à ton rang!
    Suis sous le feu ton aigle qui s'élance.
    La liberté bat la charge en courant,
    Et la victoire est au bout de la lance.
Victoire à l'étendard que l'exil ombragea
Des lauriers d'Austerlitz, des palmes d'Idumée!
    Pologne bien aimée,
Qui vivra sera libre, et qui meurt l'est déjà!

    Polonais, à la baïonnette!
    C'est le cri par nous adopté,
    Qu'en roulant le tambour répète:
        A la baïonnette!
        Vive la liberté!

ILS SONT COUCHÉS
CHEZ LA
MÈRE PICARD

CHANSON

La Musique se trouve chez **A. HURÉ**, libraire-éditeur, à Paris, rue du Petit-Carreau, 14.

(ou air du *Méléagre champenois*.)

Vous l'exigez... eh bien! pour vous plaire,
Je vais rimer quelques couplets sans art.
Chantons, amis, ce refrain vulgaire :
Ils sont couchés chez la mère Picard !

Mère Picard, dit-on, dans son jeune âge,
Fut la Vénus, la perle du quartier.
Joli minois, appétissant corsage,
Dieu ! quel trésor pour un cabaretier !
　Les ris, les jeux, volaient sur ses traces,
Et constamment suivaient son étendard ;
　Mais plus de jeux, de ris ni de grâces :
Ils sont couchés, chez la mère Picard.

Mère Picard, autrefois si gentille,
Se voit enfin remplacée à son tour ;
Pommes d'amour, chez Hortense, sa fille,
Sous le fichu s'agitent chaque jour.
　Mais observez quelle différence !
Ces jolis fruits qui charment le regard,
　Ils sont debout, chez la jeune Hortense :
Ils sont couchés, chez la mère Picard.

Mère Picard, dit-on, a dans sa cave
Force tonneaux d'un vin délicieux ;
A son fumet, à son parfum suave,
De toutes parts viennent gourmets fameux.

Mais vers le soir, quand, à la buvette,
Clopin-clopant, on arrive trop tard,
 C'est en pleurant que chacun répète :
Ils sont couchés, chez la mère Picard.

Mère Picard avait chez son grand-père,
Etant enfant, vu souper Crébillon,
Bernard, Gresset, et Delille, et Saint-Pierre,
Et Saint-Lambert, et Voltaire, et Piron.
 Leurs successeurs réclament leurs titres ;
Maint connaisseur en sourit à l'écart ;
 Un autre dit en cassant les vitres :
Ils sont couchés, chez la mère Picard.

Mère Picard hébergea maint artiste ;
Son cabaret fut, dit-on, leur berceau ;
Acteurs fameux dont on garde la liste
S'y rassemblaient sous le riant berceau ;
 Mais aujourd'hui, pauvre Melpomène,
Cherchant en vain et *Lekain* et *Brizard*,
 Tu dis tout bas, en montrant la scène :
Ils sont couchés, chez la mère Picard.

Mère Picard voyait dans son asile
Se réunir et sagesse et gaîté ;
Et le matin, le piquant vaudeville
N'excluait pas sagesse et loyauté.
 A la candeur succède l'adresse,
Le naturel est remplacé par l'art.
 On cherche en vain loyauté, simplesse :
Ils sont couchés, chez la mère Picard.

Mère Picard, par tes pichets j'en jure !
Dans cet asile à Bacchus consacré,
Chacun de nous, par une gaieté pure,
Entretiendra toujours le feu sacré ;
 Jusqu'à la mort suivons la nature !
Que ce ne soit qu'après notre départ
 Qu'on dise enfin des fils d'Epicure :
Ils sont couchés, chez la mère Picard.

F. VALCOUR.

LA FILLE DIFFICILE
CHANSONNETTE

Air : *La seul' promenad' qu'a du prix.*

Non, je n' veux pas prendre un mari
S'il n'a pas quéqu' chos' devant lui.
Ça m'est égal qu'il soit volage,
Méchant, joueur, ivrogne ou faux,
Pourvu qu'il m'apporte en mariage
D' quoi m' faire oublier ses défauts.
Je passe sur le caractère,
Son avoir me fera plaisir :
Je n' tiens qu'à ça sur la terre,
Tout mon bonheur s'rait d' m'enrichir.
Moi, je n' veux pas d'un mari
S'il n'a pas quéqu' chos' devant lui.

A ma loi, s'il n' veut pas s' soumettre,
Comme un enfant je fil'rai doux :
Je n' résist'rai pas à mon maître,
D' peur d'attraper quéqu's mauvais coups ;
Quand il s'ra dur, je me propose
De lui céder, c'est mon devoir ;
Si j' vois qu'il boude, ayant quéqu' chose,
Je tâch'rai d' faire la paix le soir.
    Moi, je n' veux pas, etc.

Pierre épousa ma sœur Hermance,
Il se vantait d'avoir beaucoup ;
La p'tit' comptait sur d' la finance,
Tandis qu'il n'en a pas du tout.
Aussi, d'puis que l'hymen l'enchaîne,
Pour satisfaire à ses besoins,
Elle est obligée, par semaine,
D'emprunter d' l'argent aux voisins.
    Moi, je n' veux pas, etc.

Pour éviter pareill' disgrâce,
Quand un épouseur me viendra,
S'il a d' l'argent, faut qu'y me l' passe
Tout aussitôt dans le contrat.
Par de fausses promess's abusée,
Plus d'un' fille a fait le serment ;
Mais moi, de peur d'être trompée,
J' veux voir les titr's auparavant,
Car je n' veux pas prendre un mari
S'il n'a pas quéqu' chose devant lui.

Garnier.

LISE
AIMES-TU LA MUSIQUE ?

CHANSONNETTE

Par ARTHUR LAMY

La musique se trouve chez **A. HURÉ**, libraire-éditeur, à Paris,
rue du Petit-Carreau, 14.

Ou air de : *la Garde mobile*, ou de : *Bon. de la bretonnière*.

Blanchisseuse à taille fine,
Lisette portait un soir,
Chez un artiste en débine,
Linge et note à recevoir.
— De l'argent ! dit le luron,
Bigre ! l'instant est critique...
Lise, aimes-tu la musique ?
Connais-tu le violon ?

Pour des fonds, je n'en ai guère,
Mais je veux, faute d'argent,
T'enseigner ici, ma chère,
Quelques talents d'agrément.
Retiens bien de ma leçon
Le principe méthodique...
Lise, aimes-tu la musique ?
Connais-tu le violon ?

Dans ta main blanche et mignonne,
Place cet archet fameux,
Et que sous tes doigts résonne
L'instrument au son joyeux.
Attaque, prends bien le ton,
Que ton bras soit énergique.
Lise, aimes-tu la musique ?
Connais-tu le violon ?

— Il est tard, dit la fillette,
Que dira maman ? grands dieux !
Je m'en vais. — Reste, Lisette,
A la lune on apprend mieux.
Tes doigts en position,
Fais la gamme chromatique...
Lise, aimes-tu la musique ?
Connais-tu le violon ?

Après maintes anicroches,
On entendit retentir
Des doubles et des triples croches,
Puis, une pause, un soupir.
— Ah ! monsieur, disait Lison,
Ça vient avec la pratique.
— Lise, aimes-tu la musique ?
Connais-tu le violon ?

Après deux leçons, la belle,
Bien mieux que son professeur,
Savait, de la chanterelle,
Tirer les sons en douceur.
Musicienne en renom,
Et, pour un cachet modique,
Lise enseigne la musique
Et même le violon.

VEILLONS
AU
SALUT DE L'EMPIRE

Veillons au salut de l'Empire,
Veillons au maintien de nos droits!
Si le despotisme conspire,
Conspirons la perte des rois!
Liberté! que tout mortel te rende hommage!
Tremblez, tyrans! vous allez expier vos forfaits.
    Plutôt la mort que l'esclavage!
    C'est la devise des Français.

    Du salut de notre patrie
    Dépend celui de l'univers;
    Si jamais elle est asservie,
    Tous les peuples sont dans les fers.
Liberté! que tout mortel, etc.

    Ennemis de la tyrannie,
    Paraissez tous, armez vos bras.
    Du fond de l'Europe avilie,
    Marchez avec nous aux combats.
Liberté! liberté! que ce nom sacré nous rallie!
Poursuivons les tyrans, punissons leurs forfaits!
    Nous servons la même patrie,
    Les hommes libres sont Français.

    Jurons union éternelle
    Avec tous les peuples divers,
    Jurons une guerre mortelle
    A tous les rois de l'univers.
Liberté! liberté! que ce nom sacré nous rallie.
Poursuivons les tyrans, punissons leurs forfaits.
    On ne voit plus qu'une patrie
    Quand on a l'âme d'un Français.

LÉONARD

PARODIE

D'après le drame de ce nom

Est raconté par madame Anaïs Lamadou à madame Tirliard, sa portière.

Air : *Tu n'en n'auras pas l'étrenne.*

Bonsoir, mam' Tirliard,
J' viens d' voir Léonard :
J'en suis encor tout émue.
On voit là-dedans
Un' bande d' brigands
Qu'on r'trouve dans chaque rue.
Un jeun' garçon,
Dont l' cœur est bon,
S' promène,
C'est son métier,
Car travailler,
Ça l' gêne.
Mais un vrai gueusard
Emmèn' Léonard :
A tout l' mond' ça fait d' la peine.

Pour un verr' de vin,
Un' croûte de pain,
Un' fill', nommée la Cigale,
Dit à son sauveur :
Monsieur, votre cœur
Est d'un' bonté sans égale ;
Comptez sur moi,
N'import' pourquoi,
J' vous aime.
Léonard dit :
J' vous aim' aussi
De même.
Mais v'là qu' pour trois ans
Léonard est d'dans,
Pour le fair' changer d' système.

Léonard revient
Et r'trouve son bien.
Son amante, un' fille rare,
Pour d'honnêt's travaux,
Aiguill's et ciseaux
Ont remplacé la guitare.
Un' femme en pleurs
Compt' ses malheurs
Sans nombre ;
Puis à l'écart,
Léonard part
Tout sombre,
Lui rendr' son argent
Volé nuitament,
Ce qui l'a fait mettre à l'ombre.

Près de s' marier,
Chez un rich' banquier
Léonard est garçon d' caisse ;
Mais l' jour de l'hymen,
Têt'-Noire, un gredin,
Auprès du patron s'empresse,
Dans un billet,
De dir' tout net
La chose ;
Et Léonard
D' chez l' banquier part,
Pour cause :
Y s' croyait casé,
Quand il est chassé :
Faut voir comm' ça l' décompose.

N'y a pas d' sots métiers.
Dans les égouttiers,
L' pauvr' malheureux entr'bien vite.
Un homm' très-commun
Dit qu'il sort de M'lun :
Il est renvoyé de suite.
Il veut partir,
Afin d' servir
La France :
Mais quel affront !
On lui répond

D'avance :
Pour servir l'État,
Sous l'habit d' soldat,
N' faut rien sur la conscience.

Dans un cabaret
Qui n'a rien d' coquet,
Léonard va boir' la goutte ;
Il y r'trouve aussi
Têt'-Noir', qui lui dit :
Mon vieux, il faut qu' tu m'écoute.
   J' veux *travailler*
   Chez ton banquier,
     Ça presse ;
   Bien qu'il fass' noir,
   Tu nous f'ras voir
     La caisse.
La Cigale, entrant,
Lui chante en pleurant :
Ne fais pas cett' maladresse !

Escaladant l' mur,
Et se croyant sûr,
Chaqu' voleur se met à l'œuvre ;
Près des sacs d'argent,
Ils vienn'nt en rampant
Comme ferait un' couleuvre.
   Léonard, qui
   Veut fair' du bruit,
     On l' blesse.
   L' banquier, soudain,
   Lui prend sa main,
     Qu'il presse.
Les voleurs, guettés,
Sont tous arrêtés :
C'est ainsi qu' finit la pièce.

                      J.-E. AUBRY.

Paris, A. **HURÉ**, libraire-éditeur, rue du Petit-Carreau, 14, seul éditeur des chansons contenues dans ce recueil.

Paris. — Imp. BEAULÉ, rue Jacques de Brosse, 10.

L'ANGLAIS BOSSU

SCÈNE COMIQUE

Paroles de E. DURAFOUR. Musique de J. JAVELOT.

La Musique se trouve chez **A. HURÉ**, libraire-éditeur, à Paris,
rue du Petit-Carreau, 14.

REFRAIN

No, le Angleterre, il était pas vraiment,
Tout comme le France, un pays si charmant,
    Pour le beauté,
    Pour le gaîté,
Oh yès! oh yès! oh yès! oh yès! oh yès! vraiment.
    Oh yès!
J'étais dedans moâ, }bis
Oh! je étais moâ
Dans le ravissement.
    Yès!

De me petrie,
Le triste vie,
Embêtait moâ.
Vrai, sur mon foâ,
Mais tiout de souite,
Je partais vite
Pour ce grand beau pays
Que l'on pelle Peris.

(*Parlé.*) Je avais fais ce voyagement dans le France pour marié moâ avec un femme dans le Angleterre; le mylédis était trop (sûre), no, trop fiers, et disait que jé suis baossu, stioupide; une baossu et moâ, ça fait deusse; jé savais bien que jé avais oune petit firmité; quand mon mère paortait

Album du Gai chanteur.   5ᵉ vol. 82ᵉ liv.

moâ sur le terre, je biouvais dans une verre pas propre, et poossait à moâ une *bédouin* dans le dos, no, pas *bédouin*, baboin, comme disent les Français. Eh bien, mosseu, vos croirez moâ si tou veux, dans le France, le milédys fesaient pas tention à mon firmité; je donnais à elles baoocoup des guinées, et mon baosse était éplatic tout de souite... Aoh !... (*Au refrain.*)

    Pour le bombance,
    Vive la France !
    Pour le z'amours,
    Vive toujours !
    Car chaque femme
    Est, sur mon âme,
    Une séduisant trésor,
    Qui vaut son pesant d'or.

(*Parlé.*) Quand je descendais moâ de le chemin de fer, je voyais une grande Mosseu qui disait à moâ : Voulez-vo que je servais de cicerone à vous? Je disais : Yès.. pour visiter le bals, le concerts, le théâtres. Il mené moâ dans le Pelais-Oyal. Aoh! le Pelais-Oyal il était wery gout, por le mangement. No avions mangé et biouvé de tot. Quand le garçonne porté le carte, le grande Mosseu disait à moâ : Vaoulez-vo que je montré une petite jeu à vo? Je disais : Yès. Il prenait moâ par mon jambe, pouis mettait mon baosse sur une table et disait : Le *rouge ou le noar*, et je taournais comme sur oune pivao. Eh bien, mosseu, vous croirez moâ si tou veux, il était déjà piou d'oune quart d'heure que cet grande Mosseu il était parti, je taournais toujours. (*Gaiement.*) Aoh! c'était égal, je mé souis bien amiousé... Aoh !... (*Au refrain.*)

    Le douce ivresse
    Et le tendresse
    Fait de bonheur
    Battre mon kieur;
    Pays mégique
    Et mégnifique
    Pour le promènement,
    Pour le amiousement.

(*Parlé.*) Je promenais moâ cet matin sur le boolevart Sébastopaool, je voyais un milédy qui fesait voir sonne pied ; aoh ! quel bel pied il avait, cet milédy ! Un petit peu piou loin, il fesait voir son jambe, je souivais ce Milédy avec son jambe ; aoh ! quel beau jambe ! Il entrait dans un maison, je entrais aussi dans le maison ; il montait un scalier, je maontais aussi le scalier ; il entre dans un chambre, je entrais aussi dans un chambre. Il était là baoucoup de Mosseux et de Miledys qui sé amiousaient, aussi je disais : Hen... hen... hen... hen..., il piouvait biaucoup de l'aou aujord'hui. Le Mosseux et le Miledys, ils riaient biaucoup fort et moâ aussi ; ils disaient à moâ : Seyez-vo. Oune grande ferceur tire mon faoteuil et je me soyais sur l'autre côté de moâ ; le Mosseux et le Miledys riaient biaucoup fort, et moâ aussi. Je demandais au Miledy qui fesait voir son jambe, comment vous pelez vo : Je pelle moâ Riguiolette. Aoh !... le joli petite nome ! je payé lo pour le mademoselle Riguiolette. (*Criant.*) Garçonne !... paortez le baordeau, le médère, le champeigne, paortez, paortez tojours ; et tous disaient : *Vive le bossu !* (*S'attendrissant.*) Eh bien, Mosseu, vous croirez moâ si tou veux, mon yeux piouvaient baoucoup de l'eau, de boonheur, de playsir ; le Angleterre ne avait jamais dit : *Vive le bossu !* et le mademoselle Riguiolette, passant son main sur mon baosse, disait à moâ que je avais bonne dos... Aoh !... (*Au refrain.*)

LE BOSSU

Analyse-complainte du drame de ce nom, racontée sur l'air de : J'ai un pied qui r'mue, par un amateur de cette rengaine normande.

        REFRAIN

  Vive *le Bossu!*
    C'est un drame
    Qui fend l'âme :
  Vive *le Bossu!*
C'est un drame qui vous r'mue.

D'abord la princess' de Nevers   (*bis.*)
D' Gonzagu' met l'esprit à l'envers;   (*bis.*)
  Puis y s' dit comm' ça :
Il faudra qu'elle m'appartienne;
  Puis y s' dit comm' ça :
En s'cond' noce elle m'épous'ra.
  Vive *le Bossu!* etc.

Afin de d'venir le mari   (*bis.*)
De cell' qui ne veut pas de lui,   (*bis.*)
  Dans un guet-apens
Gonzague (et ce n'est pas un' blague),
  Comme un vrai ch'napan,
Poignarde l'époux sournois'ment.
  Vive *le Bossu!* etc.

Pour fair' disparaître une enfant,   (*bis.*)
On invente un autr' guet-apens;   (*bis.*)
  Mais, pour la garder,
Arrive monsieur Lagardère;
  Oui, pour la garder,
Lagardèr' vient la regarder.
  Vive *le Bossu!* etc.

De Blanche pour êtr' le sauveur,   (*bis.*)
Lagardèr' se met ferrailleur;   (*bis.*)
  Sous le beau ciel bleu
Du royaume des castagnettes,
  Sous ce beau ciel bleu,
De Blanche il devient amoureux.
  Vive *le Bossu!* etc.

Un' jeun' fill' dign' de l'Opéra,   (*bis.*)
Et que l'on nomme Pépita,   (*bis.*)
  Arrive à Paris;
Et Gonzagu' dit à son épouse .
  V'là, ma chère amie,

L'enfant qu' vous pleurez jour et nuit.
　　Vive le Bossu! etc.

Lagardère arrive en bossu　(bis.)
Et dit au régent : Je suis v'nu　(bis.)
　　Peut-être un peu tard,
Par les ordres de Lagardère;
　　Peut-être un peu tard
Vous souhaiter l' bonjour de sa part.
　　Vive le Bossu! etc.

On veut j'ter l' bossu dans l' bouillon;　(bis.)
C'est Peyroll's qui fait le plongeon :　(bis.)
　　Un' gross' pierre au cou,
Il va se prom'ner dans la Seine;
　　Un' gross' pierre au cou,
Il va s' prom'ner jusqu'à Saint-Cloud.
　　Vive le Bossu! etc.

Gonzagu', dans un piége tendu,　(bis.)
A Blanch', fait épouser l' bossu;　(bis.)
　　Le contrat signé,
Le bossu dit : J' suis Lagardère.
　　Gonzague, vexé,
Veut tuer le nouveau marié.
　　Vive le Bossu! etc.

Gonzagu' jure, la main en l'air,　(bis.)
Qu' Lagardère a tué Nevers;　(bis.)
　　Mais au dénoûment,
Lagardère invente une frime
　　Et prouv' clairement
Au régent qu'il est innocent.
　　Vive le Bossu! etc.

Dans un dernier combat sanglant,　(bis.)
Le traitr' reçoit son châtiment;　(bis.)
　　L' public, un' fois d' plus,
Cri' : Bravo! Mélingue triomphe,
　　L' crime est abattu,
Et l'on couronne la vertu.
　　Vive le Bossu! etc.

MORALITÉ

Pour toujours rester vertueux,　(bis.)
Il faut voir ce drame fameux.　(bis.)
　　Crois-moi, cher lecteur,
Va le voir : *a pas peur, ma caille.*
　　Tu vers'ras des pleurs
Et tu riras de bien bon cœur.

　　　　　　　　　J.-X. AUBRY.

LES SOUVENIRS
OU NOUS VIEILLISSONS
CHANSON
Par ÉMILE DEBRAUX

La Musique se trouve chez A. HURÉ, libraire-éditeur, à Paris,
rue du Petit-Carreau, 14.

Nous vieillissons, ma pauvre bonne amie.
Hélas! le temps a marbré nos cheveux;
Et notre main, déjà mal affermie,
Trahit souvent nos désirs indiscrets.
Mais si l'hiver, qui glaça ma musette,
A nos plaisirs vient mettre le holà,
Caressons-nous, caressons-nous, Lisette, {bis
Pour endormir encore ces regrets-là.

Te souviens-tu de ce bosquet de roses
Qui sur mon cœur vit ton cœur se presser?
Là, sous tes pas, mille fleurs demi-closes
Tout doucement t'invitaient à glisser.
Où sont ces fleurs, témoins de ta défaite?
Sous ces remparts, un jour, on les foula.
    Caressons-nous, etc.

Te souviens-tu de ce vieil uniforme,
Que j'étrennai si bien à Friedland?
Le temps, enfin, l'a mis à la réforme;
Le bras faiblit, mais le cœur est brûlant.
Ah! mon habit, parmi ceux qu'on achète,
Tu ne fus pas... aussi l'on t'exila.
    Caressons-nous, etc.

Te souviens-tu de l'honorable signe,
Qui, sur mon sein, brilla dans les Cent-Jours?
Ah! devait-on m'en déclarer indigne!
Mon pays, seul, n'eut-il pas mes amours?
Mais le traitant qu'à ma place on brevète,
Pour l'obtenir, que de preux il vola!
    Caressons-nous, etc.

Te souviens-tu?... Laissons là ma misère,
Soyons Français, ne pensons plus à moi;
Citons, plutôt, le nouveau Bélisaire
Dont les malheurs ont causé tant d'émoi;
Quoi, l'aigle est mort! on a flétri la tête
Qui, tant de fois, de gloire étincela!
    Caressons-nous, etc.

C'EST DÉFENDU!!

CHANSON

La Musique se trouve chez A. HURÉ, libraire-éditeur, à Paris, rue du Petit-Carreau, 14.

ou air : *Mariez-vous donc, mariez-vous donc!*

Un jeune et blond fils de Champagne,
Nouveau débarqué dans Paris,
Fit rencontre d'une compagne
Qui, pour être de ses amis,
L'accablait d'œillades et de ris ;
L'adolescent timide et tendre
Aurait peut-être répondu,
Lorsqu'il songea, près de s' fair' prendre :
    C'est défendu !... (*4 fois.*)

Colin, amoureux de Colette,
Depuis un mois lui fait la cour ;
Mais, au dire de la fillette,
Ce môsieu, volage en amour,
Ne fait durer l' plaisir qu'un jour ;
Ce que sachant, la demoiselle
Répond à l'amant éperdu :
« Je ne puis payer votre zèle :
    C'est défendu !... » (*4 fois.*)

Dans un petit bois qu'on renomme,
Par hasard m'étant égaré,
Tout à coup, j'aperçus un homme
Dont le regard fixe, effaré,
M'annonçait quelqu'un d'affairé ;
Je vis bientôt à sa prunelle
Que notre homm' tournait au pendu ;
J' m'élance alors, j' romps la ficelle :
    C'est défendu !... (*4 fois.*)

Sans un port d'armes fair' la chasse,
Sans un permis pêcher l' poisson,
Sans un billet prendre une place
Au théâtre ou dans un wagon,
Sont des moyens hors de saison ;
Descendre d'un sixième étage
A l'aide d'un drap suspendu,
C'est encore un fait hors d'usage :
    C'est défendu !... (4 fois.)

C'est défendu d' fair' du tapage
Après dix heur's dans sa maison.
C'est défendu dans son ménage
De battre trop souvent Suzon,
Si ce n'est en droit, en raison.
D'oublier sa main dans la poche
D'un voisin qui n'est pas prév'nu,
Afin d' lui chiper sa sacoche :
    C'est défendu !... (4 fois.)

Pendant la nuit, certain insecte,
Durant le jour, un sot bavard,
Un créancier d' n'importe quell' secte,
Et mon portier quand j' rentre tard,
Sont pour moi le plus lourd cauch'mard.
Si j' possédais l'omnipotence,
Un décret s'rait bientôt rendu,
J' les expuls'rais par c'te sentence
    C'est défendu !... (4 fois.)

Le succès d'une chansonnette
Résulte souvent, au début,
De la voix, du goût d' l'interprète,
Puis aussi quelquefois du but
Que l'auteur chante sur son luth.
Cependant, affirmer d'avance
Que son nom sera répandu,
Qu'elle fera son tour de France :
    C'est défendu !!... (4 fois.)

               Théodore DAUNIS.

LE TOUR DE FRANCE

ROMANCE

Paroles d'ARTHUR LAMY. Musique de CH. POURNY.

La Musique se trouve chez **A. HURÉ**, libraire-éditeur, à Paris,
rue du Petit-Carreau, 14,
ou air du *Retour de France*.

Pour commencer, mon fils, ton tour de France,
Tu veux quitter ta mère, tes amis.
Malgré les pleurs que causera l'absence,
A ton départ, enfant, je te bénis;
Mais, loin d'ici, retiens bien de ta mère
Les doux avis, et donne à sa douleur
Une pensée, une tendre prière:
Prier, mon fils, cela porte bonheur. *bis*

Que le travail soit ta seule espérance,
Et que l'honneur guide toujours tes pas;
Par le travail seul règne l'abondance;
Il en est trop, hélas ! qui n'en ont pas.
Sur le chemin si tu trouves un frère,
Un ouvrier, courbé par le malheur,
Tends aussitôt une main tutélaire :
Donner, mon fils, cela porte bonheur. *bis*

N'écoute pas la voix de la discorde
Qui trop souvent envahit l'atelier;
Et, forts du droit que la loi vous accorde,
Unissez-vous pour l'honneur du métier.
Pourquoi du sang? n'êtes-vous pas sur terre
Tous les enfants d'un même Créateur?
Faibles ou forts, que l'amour vous resserre: *bis*
Aimer, mon fils, cela porte bonheur.

Ne trompe pas la fille douce et sage
Que le hasard placerait près de toi;
Songe qu'il est une enfant au village
Qui, devant moi, mon fils, reçut ta foi.
Pars mon ami; moi, dans la solitude,
Je t'attendrai, priant pour ton bonheur;
Mais je n'ai plus pour toi d'inquiétude, *bis*
Car, de là-haut, Dieu sourit au bon cœur.

QUE NE SUIS-JE LA FOUGÈRE

ou

LES SOUHAITS

ROMANCE

Paroles de RIBOUTET. Musique de PERGOLÈSE.

La Musique se trouve chez **A. HURÉ**, libraire-éditeur, à Paris, rue du Petit-Carreau, 14.

Que ne suis-je la fougère,
Où, sur le soir d'un beau jour,
Se repose ma bergère
Sous la garde de l'amour !
Que ne suis-je le zéphir
Qui rafraîchit ses appas,
L'air que sa bouche respire,
La fleur qui naît sous ses pas !

Que ne suis-je l'onde pure
Qui la reçoit dans son sein !
Que ne suis-je la parure
Qui la couvre après le bain !
Que ne suis-je cette glace
Où son portrait, répété,
Offre à nos yeux une grâce
Qui sourit à la beauté !

Qui ne suis-je l'oiseau tendre
Dont le ramage est si doux,
Qui, lui-même, vient l'entendre
Et mourir à ses genoux !
Que ne suis-je le caprice
Qui caresse son désir,
Et lui porte en sacrifice
L'attrait d'un nouveau plaisir !

Que ne puis-je par un songe
Tenir son cœur enchanté !
Que ne puis-je du mensonge
Passer à la vérité !
Les dieux qui m'ont donné l'être
M'ont fait trop ambitieux ;
Car, enfin, je voudrais être
Tout ce qui plaît à ses yeux !

LA BROUETTE DE JEANNETTE

CHANSONNETTE

Paroles de PAUL DE KOCK

La musique se trouve chez A. HURÉ, libraire-éditeur, à Paris, rue du Petit-Carreau, 14,

ou air de: *Eh! vogue ma nacelle* (MARIE).

Jeannette est une brune
Qui demeure à Pantin,
Où toute sa fortune
Est un petit jardin.
Sans cesse elle répète,
En narguant les soucis :
Eh ! roule, ma brouette,
Qui porte mes radis !

Jeannette eut au village
Plus d'une passion ;
Fut-elle toujours sage ?
C'est une question :
Chaque jour la fillette
Dit : Allons à Paris !
Eh ! roule, ma brouette,
Qui porte mes radis !

D'abord, un militaire
Pour la belle brûla ;
Aisément il sut plaire,
Mais il la planta là.
Ça fit pleurer Jeannette,
Qui bientôt a repris :
Eh ! roule, ma brouette,
Qui porte mes radis !

Un fermier, pour la belle,
Eut aussi de l'amour ;
Cette fois ce fut elle
Qui ne l'aima qu'un jour.
Il poursuit la coquette
Qui lui répond : Tant pis !
Eh ! roule, ma brouette,
Qui porte mes radis !

Se montrant accessible
Pour un joli garçon,
Jeannette est insensible
Aux offres d'un barbon.
Elle dit : Ma couchette
A peur des cheveux gris !
Eh ! roule, ma brouette,
Qui porte mes radis !

Méprisant la richesse,
Jeannette dit encor :
Je donne ma tendresse,
Ce n'est pas pour de l'or ;
Le plaisir qu'on achète
Vaut-il l'amour gratis ?
Eh ! roule, ma brouette,
Qui porte mes radis !

ÉCRIRE FRANCO

A. HURÉ, libraire-éditeur, à Paris
14, RUE DU PETIT-CARREAU, 14.

Seul propriétaire des chansons contenues dans l'Album du Gai chanteur.

(Reproduction complétement interdite.)

Paris. — Typ. Beaulé, 10, rue Jacques de Brosse.

LA DÉESSE IVRESSE

CHANSON

Paroles de A. BOUVIER. Musique de CH. POURNY.

La musique se trouve chez A. REPESSÉ, libraire-éditeur, à Paris,
rue du Petit-Carreau, 14.

Digne fils des anciens Gaulois,
Je chante une mâle déesse,
C'est de Bacchus, ce roi des rois,
La fidèle et tendre maîtresse !
De blondes grappes de raisin
Encadrent sa tête vermeille,
Son thyrse qu'elle tient en main
Est une profonde bouteille.

Buvons, amis, buvons, comme au temps de nos pères,
  Chagrins, peines, misères,
  Noyons tout dans nos verres.
Buvons, chantons, comme au temps de nos pères,
  Buvons, chantons, amis, buvons, chantons.

L'Ivresse prodigue à chacun
Le plus adorable mirage,
Sa coupe exhale un doux parfum
Qui va troubler jusqu'au plus sage
De mon front elle vient chasser
Le nuage qui le traverse ;
Quand je suis froid à son baiser,
C'est que ma coupe se renverse !
  Buvons, etc.

Quand l'Hiver au front dévasté
Nous amène son froid cortége,
Tout s'assombrit dans la cité,
En sentant son linceul de neige !

Album du Gai chanteur.   5e vol. 83e livr

Partout où l'Ivresse paraît,
Il faut que la misère sorte...
Le pauvre dans son gobelet
Se rit qu'elle attende à la porte !
  Buvons, etc.

Artiste, poëte et soldat,
Sont assis à la même table ;
Ils oublient le sort trop ingrat
Près de cette compagne aimable ;
Ils sont dans un monde nouveau,
Où le bonheur toujours abonde ;
Ce monde est au fond d'un tonneau..
Amis, faisons sauter la bonde.
  Buvons, etc.

Le tartufe subit ses lois,
Devant elle tombe son masque ;
Son hypocrisie aux abois
Fuit aux sons du tambour de basque ;
Sa gaîté qui n'a plus de frein
Lui fait mêler, dans son ivresse,
Béranger aux chants du lutrin,
Les vers de Voltaire à la messe.
  Buvons, etc.

Les Gaulois l'adoraient enfin,
Soyons dignes de la famille,
Et puisqu'elle est au fond du vin,
Cherchons-y cette bonne fille !
Elle n'a pas d'attraits menteurs :
Car son fard n'est que de la lie,
Ses baisers enflamment les cœurs,
Ses caresses rendent la vie.
  Buvons, etc.

Trois fois salut ! fille des dieux !
Ma débonnaire courtisane,
Va, notre monde devient vieux,
Il me fait honte ! Dieu me damne !
Ce monde est un lion dompté,
Qui ne sait que pleurer sans cesse...
Ton séjour, c'est la liberté,
Et j'y viens vivre, douce Ivresse.
  Buvons, etc.

C'EST L'AMOUR, L'AMOUR, L'AMOUR
RONDE POUR UNE NOCE

C'est l'amour, l'amour, l'amour,
  Qui fait le monde
    A la ronde ;
  Et chaque jour
    A son tour
Le monde fait l'amour.

Qui rend la femme plus docile
Et qui sait doubler ses attraits?
Qui rend le plaisir plus facile?
Qui fait excuser ses excès?
  Qui sait rendre sensibles
  Les grands dans leurs palais?
  Qui sait rendre accessibles
  Jusques aux sous-préfets?
    C'est l'amour, etc.

Qui donne de l'âme aux poètes
Et de la joie à nos lurons?
Qui donne de l'esprit aux bêtes
Et du courage aux poltrons?
  Qui donne des carosses
  Aux tendrons de Paris?
  Et qui donne des bosses
  A beaucoup de maris !
    C'est l'amour, etc.

Que fait une nouvelle artiste
Qui veut s'assurer des amis?
Que fait une belle modiste
Pour se mettre en vogue à Paris?
  Que font dans les coulisses,
  Les banquiers, les docteurs?
  Et que font les actrices
  Avec certains auteurs?
    C'est l'amour, etc.

Sur les rochers les plus sauvages,
Dans les palais, dans les vallons;
Dans l'eau, dans l'air, dans les bocages,
Sous le chaume, dans les salons;
  Que font toutes les belles,
  Les amants, les époux?
  Que font les tourterelles,
  Et même les coucous?
    C'est l'amour, etc.

          DARTOIS et F. D'ALLARDE

L'AUBERGE
SAINT-ANTOINE

CHANSON

Air du : *Roi d'Yvetot.*

Sur le grand chemin qui conduit
   Du village à la ville,
Existe un cabaret construit
   Par un faiseur habile ;
Près d'un ermite en capuchon,
Sur son mur est peint un cochon
     Louchon.
Oh ! oh ! oh ! oh ! ah ! ah ! ah ! ah !
Quel bon petit vin on boit là !
     Là, là.

On lit, au dessous de l'auvent :
   « Auberge *Saint-Antoine.*
» Ici, pour les rouliers, on vend
   » Foin, paille, son, avoine. »
Quand on a fini de manger
On y peut, sans se déranger,
     Loger.
Oh ! oh ! oh ! etc.

La fille de cette maison
   N'est pas trop décrépite ;
Son œil est le premier tison
   Qui chauffe la marmite.
Près d'elle soyez proposant
Elle aura le ton amusant,
     Plaisant.
Oh ! oh ! oh ! etc.

Dans le jardin, quand il fait beau,
　　Au son d'une fanfare,
On danse le premier galop
　　De France et de Navarre.
Là, des bosquets, touffus et frais,
Pour les amants ont été faits
　　　　Exprès
Oh! oh! oh! etc.

Quand on vous apporte du pain,
　　C'est sur la blanche assiette;
Quand on vous fricasse un lapin,
　　Vous en voyez la tête.
Tout, dans ce quasi Châtelet,
Jusqu'au marmiton en gilet,
　　　　Vous plaît.
Oh! oh! oh! etc.

Comme il n'est de folle gaieté
　　Qu'avec la chansonnette,
Au salon du lieu tant vanté
　　Se tient une goguette;
On y chante les grands héros,
Mais on y critique les faux
　　　　Bigots.
Oh! oh! oh! etc.

Enfin, des plaisirs les plus doux
　　C'est le vrai sanctuaire:
Là, Bacchus unit les époux
　　Sans écharpe de maire;
Plus d'une veuve, dans la nuit,
En sentant quelqu'un dans son lit,
　　　　S'est dit:
Oh! oh! oh! oh! ah! ah! ah! ah!
Quel bon petit vin on boit là!
　　Là, là.
　　　　　　　　ÉMILE CARRÉ.

LES TRIBULATIONS D'UN BUVEUR

CHANSON COMIQUE

Paroles de A. CHAMPAGNE. Musique de A. LAGARD.

La Musique se trouve chez A. HURÉ, libraire-éditeur, à Paris,
rue du Petit-Carreau, 14.

Sur cette terre, où tout s'émeut,
Quand il fait sec ou quand il pleut,
Bien poltron qui toujours s'étonne
D'un accident; moi, qui raisonne;
Le vin soutient ma belle humeur,
Et, pour défier le malheur,
Buvons, buvons, buvons jusqu'à l'ivresse,
Buvons, amis, buvons, buvons sans cesse;
Pour nous consoler des maux d'ici-bas,
Buvons, amis, jusqu'au trépas.

Je n' sais vraiment si je m'y perds,
Ou si le monde est à l'envers,
Mais, selon moi, rien n'est en place,
Les hommes se font la grimace,
Et partout je vois le bon sens
Remplacé par le contre-sens...
   Buvons, etc.

Après une explication
Qu'hier nous eûm's à la maison,
Ma femme, qui faisait l'esclandre,
Dit en grinçant : Je vais me pendre.
La corde en main, ell' n'en fit rien,
Et se porte aujourd'hui très-bien.
   Buvons, etc.

Jusqu'à mon chien qui s' mêle aussi
De s' déclarer mon ennemi ;
Quand j' veux voir un grand personnage,
Le fair sauter, comm' c'est l'usage,
L'irrévérencieux barbet
Me mord la f..., cuisse ou le mollet..
   Buvons, etc.

Pour finir, joyeux compagnons,
Le récit de tous mes guignons,
Mon médecin, d'un ton sublime,
Vient de m'ordonner le régime...
Fi donc ! j'aime à bien me nourrir,
Et, vivre sans vin, c'est mourir !...
   Buvons, etc.

VIN DE BORDEAUX

PARODIE

Paroles de Édouard CAQUET

Air du *Petit bordeaux*.

Divin nectar, dont la poussière
Cherche à nous dérober les traits,
Sous ton enveloppe de verre,
Tu brilles pour nous plein d'attraits.
L'ennui, la tristesse et la gêne,
   La farira dondaine,
Font place à de joyeux échos,
   Devant le vin de Bordeaux,
Devant le vin de Bor, Bor, Bor, Bor, Bor,
   La farira dondaine,
Devant le vin de Bor, Bor, Bor, Bor, Bor,
   Devant le vin de Bordeaux.

Parfois, de ma lèvre maussade,
Quand le sourire a déserté,
Tu rends à mon esprit malade
Le bonheur avec la gaîté.
Joyeux, alors, comme Silène,
   La farira dondaine,
J'aime à boire sur mes tonneaux
   Quelques verres de bordeaux,
Quelques verres de bor, bor, bor, bor, bor,
   La farira dondaine,
Quelques verres de bor, bor, bor, bor, bor,
   Quelques verres de bordeaux.

Quand le matin Lise s'éveille,
Sitôt que reparaît le jour,
Elle m'apporte une bouteille
Que nous vidons à notre amour.
Ensemble nous narguons la peine,
   La farira dondaine,
Et tout le jour sous mes berceaux
Je m'enivre de bordeaux,
Je m'enivre de bor, bor, bor, bor, ber,
   La farira dondaine,
Je m'enivre de bor, bor, bor, bor, ber,
   Je m'enivre de bordeaux.

Si quelque jour, dans notre France,
L'on voyait les peuples amis
Célébrer leur indépendance,
Autour d'un banquet réunis,
Nous verserions à coupe pleine,
   La farira dondaine,
Sur la poudre des arsenaux
Notre bon vin de Bordeaux,
Notre bon vin de Bor, Bor, Bor, Bor, Ber,
   La farira dondaine,
Notre bon vin de Bor, Bor, Bor, Bor, Ber,
   Notre bon vin de Bordeaux.

Tout est riant dans la nature,
En automne comme au printemps;
Dieu fit le vin et la verdure
Pour nous rappeler d'heureux temps.
Si l'ouvrier, chaque semaine,
   La farira dondaine,
Peut oublier ses durs travaux,
C'est grâce au vin de Bordeaux,
C'est grâce au vin de Bor, Bor, Bor, Bor, Bor,
   La farira dondaine,
C'est grâce au vin de Bor, Bor, Bor, Bor, Bor,
   C'est grâce au vin de Bordeaux.

SANS TOI

ROMANCE

Paroles de A. LAMY. Musique de A. LAGARD.

La Musique se trouve chez **A. HURÉ**, libraire-éditeur, à Paris,
rue du Petit-Carreau, 14,

ou air : *Viens, belle nuit*, ou : *J'avais vingt ans,
quand les yeux d'une femme.*

Sans toi! sans toi! maudit sur cette terre,
Pauvre orphelin, j'errais sans avenir;
Moi qui, jamais, aux baisers d'une mère,
N'avait senti mon âme tressaillir.
Prenant pitié de ma vive souffrance,
Dieu t'envoya, tu me rendis la foi...
Reste avec moi, doux ange d'espérance, } bis
Car je ne puis, Jeanne, vivre sans toi.

Sans toi! sans toi! mon âme désolée,
Triste en tous lieux, ne voit qu'un noir chaos;
Mais tu parais, la plaine est émaillée,
Tout est fleuri, bois, vallons et coteaux.
Tout resplendit et la nature immense,
Du Créateur, chante la douce loi.
Reste avec moi, doux ange d'espérance, } bis
Car je ne puis, Jeanne, vivre sans toi.

Sans toi! sans toi! que ferais-je en ce monde?
Jeanne, sans toi, pour moi tout est malheur.
Pour rafraîchir la terre, Dieu fit l'onde,
Le ciel, enfant, fit ton cœur pour mon cœur.
Reste toujours, mon idole chérie,
Dieu te créa pour être près de moi...
Car je sens là que je perdrais la vie } bis
S'il me fallait, Jeanne, vivre sans toi.

L'ANNEAU TALISMAN

Paroles de Jules JEANNIN

Air : *Douce fleur de la poésie* (Ciolina), ou de la *Rose des champs*.

Pour que jamais, dans sa pensée,
Le doute ne puisse venir,
J'ai fait don à ma fiancée
D'un anneau qui dit l'avenir...
Gage saint de la foi promise,
Dont l'amour double la valeur,
Petit anneau, dis à Louise   *bis*
Où peut être le vrai bonheur.

Lorsque la superbe Octavie
En équipage passera,
Ma Louise, d'un œil d'envie,
Sans doute la regardera.
Mais, plus d'une noble marquise
Pour un char vendit son honneur...
Petit anneau, dis à Louise   *bis*
Que là n'est pas le vrai bonheur

Quel bal brillant! quelle musique!
Le bonheur doit être en ces lieux.
Une femme, au luxe magique,
Sur elle attire tous les yeux :
On la croit heureuse... ô méprise!
Son fard cache seul sa pâleur...
Petit anneau, dis à Louise   *bis*
Que là n'est pas le vrai bonheur.

Au sein d'une honteuse orgie,
Une enfant (qui n'a pas seize ans),
L'œil en feu, la face rougie,
A flétri ses appas naissans.
Mais que lui fait qu'on la méprise :
L'or masquera son déshonneur...
Petit anneau, dis à Louise   *bis*
Que là n'est pas le vrai bonheur.

Enfin, montre-lui la chambrette,
Belle de travail et d'amour;
On dit qu'une larme secrète
Coule, parfois, en ce séjour.
Mais cette larme qu'on avise
Est de joie, et tombe du cœur...
Petit anneau, dis à Louise   *bis*
Que c'est là qu'est le vrai bonheur.

LES JEUX INNOCENTS

CHANSONNETTE QU'IL NE FAUT CHANTER QUE LORSQU'ON
CONNAIT TOUS LES NOMS DES PETITS JEUX

Paroles de PAUL DE KOCK

Air du *Code de l'amour*.

Chez maman tous les soirs on joue
Différents jeux fort amusants;
Mais moi, j'aime mieux, je l'avoue,
Me mêler aux jeux innocents;
On s'y presse, on badine, on cause,
On peut parfois se parler bas;
Enfin, on se dit mainte chose
Que les mamans n'entendent pas.

Quand je vois un jeune homme aimable
Faire *le Portier du Couvent*,
Je me donne un air agréable,
Pour qu'on m'appelle plus souvent;
Quoique je ne sois pas coquette,
Plus d'un monsieur, au regard doux,
M'a, pour ma *botte d'amourette*,
Offert de fort jolis bijoux.

J'aime beaucoup que l'on me fasse
Quelque compliment *impromptu*,
Mais ce dont je suis bientôt lasse,
C'est du *propos interrompu*.
Qu'un jeune homme de bonne mine
En secret de moi soit épris,
Savez-vous quand je le devine?
C'est au *Colin-Maillard* assis.

Avec mon cousin Théodore
J'ai longtemps *boudé* l'autre jour;
Avec lui, j'aime bien encore
Faire souvent *le Pont d'amour*.

Quand nous sommes en tête-à-tête,
Nous jouons à *mon Corbillon*,
Et sa réponse est toujours prête
Dès que je lui dis: Qu'y met-on?

Pourtant je suis fort en colère,
Ah! mon cousin, ça m' déplaît,
Et je prétends dire à ma mère
Ce qu' hier soir vous avez fait;
Oui, j'ai bien vu, quoi qu'il en dise,
Que ce monsieur, d'un air malin,
Quand près de lui j'étais assise,
Mettait dans le trou du voisin.

A ces petits jeux, dit ma mère,
On trouve souvent un époux;
Moi, si l'on m'en donne un, j'espère
Qu'il sera très-habile à tous;
Dans mon cœur pour qu'il trouve place,
D'avance je le dis tout net,
Il faudra que mon mari fasse
Un, deux, trois, quatre, cinq, six, sept.

ÉCRIRE FRANCO

A. HURÉ, libraire-éditeur, à PARIS
14, RUE DU PETIT-CARREAU, 14.

Maison spéciale pour toutes les Publications en Musique petit format, à 20, 25, 40, 50 et 60 centimes net

Commissions pour la province

Éditeur de la collection populaire

LES SUCCÈS

Cette collection renferme le choix le plus varié de Romances, Chansons, Chansonnettes, Scènes comiques et Duos. 525 livraisons sont en vente.

PRIX DE LA LIVRAISON : 20 cent., RENDUE FRANCO

Le Catalogue de cette collection sera adressé *franco* aux personnes qui en feront la demande par lettre affranchie.

Paris Typ. Renault, rue Jacq. de Brosse, 10

LE PASSEREAU

MÉLODIE

Parol. de S. TOSTAIN. Musiq. de H. VARLET.

La Musique se trouve chez A. HURÉ, libraire-éditeur, à Paris, rue du Petit-Carreau, 14.

Suave harmonie,
Naïve gaîté,
Parure jolie,
Douce liberté,
Parfums du bocage,
Ciel toujours nouveau,
Voilà ton partage,
Joli passereau.
    La houli, (*bis.*)
Tra la la la houli.

Que ton vol rapide
Egoutte en passant
La corolle humide
Du lis frémissant;

Album du Gai Chanteur.   5 vol. 84 liv.

Ou bien qu'il s'élève
Vers le bleu rideau :
Ta vie est un rêve,
Joli passereau.
    La houli, etc.

Sitôt que l'aurore
Dore les buissons,
Ta voix fait éclore
De magiques sons ;
Et, de la clairière,
Le fidèle écho,
Redit ta prière,
Joli passereau.
    La houli, etc.

Et quand la nuit sombre
Remplace le jour,
Je te vois dans l'ombre
Pensant au retour ;
A regagner vite
Le nid de l'ormeau,
L'amante t'invite,
Joli passereau.
    La houli, etc.

RAMONEZ-CI
RAMONEZ-LA
ROMANCE
DES DEUX PETITS SAVOYARDS
Paroles de MARSOLLIER. Musique de DALAYRAC.

La musique se trouve chez A. IKORÉ, libraire-éditeur, à Paris,
rue du Petit-Carreau, 14.

Une petite fillette,
Qui n'avait pas plus d' quinze ans,
Pendant qu'on était à vêpres,
S'en fut de chez ses parents.
Eh! aye! eh! hue! eh! aye! eh! pouss'!
Eh! aye! eh! hue! v'là comme on arrive.
Pauvrette, où qu' vous allez comme' ça?
Bientôt le loup vous croquera.
Ramonez-ci, ramonez-là,
La chemina du haut en bas.   (ter.)

Elle trouvit sur sa route
Un monsieur bien opulent;
Il la prit dans son carrosse
Et tous deux allaient roulant.
Eh! aye! eh! hue! eh! aye! eh! pouss'!
Eh! aye! eh! hue! v'là comme on arrive.
Pauvrette, au train dont il y va,
Bientôt c' monsieur vous versera.
    Ramonez-ci, etc.

Avant la fin de l'année,
Il survint un accident:
Ell' revint dans le village
Et l'on chantait en la r'gardant:
Eh! aye! eh! hue! eh! aye! eh! pouss'!
Eh! aye! eh! hue! v'là comme on arrive.
A fillette ainsi qui s'en va,
Autant il en arrivera.
Ramonez-ci, ramonez-là,
La chemina du haut en bas.   (ter.)

LES FÉES
DU
JARDIN MABILLE

RONDE

Paroles de M. CONSTANTIN. Musique de V. PARISOT.

La Musique se trouve chez A. HURÉ, libraire-éditeur, à Paris, rue du Petit-Carreau, 14.

Au bal Mabille on se balance,
Et partout règne la gaîté :
Jenny l'hirondelle s'élance
Parmi la fleur de la beauté ;
Dans un quadrille Lolotte brille,
Et Turlurette obtient force bravos,
Brididi même prétend qu'il aime
A voir Nini danser des pas nouveaux.
Amis, avec le temps tout passe,
Les plaisirs, les fleurs, les amours ;
Pour profiter de nos beaux jours,
En place, en place, en place !

De la schottisch c'est l'ouverture :
Pichenette va s'élancer,
Rosette s'avance en mesure,
Et Gaminette va glisser ;
Mais Mignonnette et Pirouette
Vont détrôner la reine Bacchanal ;
Après Frisette vient Rigolette
Qu'on applaudit lorsqu'elle chante au bal.
Amis, avec le temps, etc.

De Maria la taille fine
Sait se cambrer comme un démon;
Ici masurke Joséphine,
Plus loin rédowe Mousqueton;
Marionnette ou Blondinette
Avec Soulouque entraine Amélina,
 Et la Sabine qu'amour lutine
Semble redire à la belle Hermosa:
  Amis, avec le temps, etc.

Dans cet Olympe où l'on se presse,
Tortillard est le Jupiter,
Anaïs est grande prêtresse
Et Pilodo le dieu de l'air!
Mais minuit sonne, chacun frissonne,
On va partir, mais pour la Maison d'Or;
 Les vins d'Espagne et le champagne
Font répéter, dans un joyeux accord:
  Amis, avec le temps, etc.

LE PÊCHEUR-ROI

MASANIELLO (1647)

Paroles de E. PLOUVIER. Musique de L. BORDÈSE.

La Musique se trouve chez A. IXURÉ, libraire-éditeur, à Paris, rue du Petit-Carreau, 14.

Eh! quoi, dans ce palais des anciens souverains,
D'où j'ai voulu bannir pour jamais le mensonge,
Moi, pêcheur, je commande! et les Napolitains
M'offrent une couronne! Est-ce un songe? (bis.)
   O ciel si pur, ô mer profonde,
   Qui m'avez vu (bis) pauvre et joyeux!
   Pour le vain rang des rois du monde
   Faut-il vous faire mes adieux?
   Adroit pêcheur, ami de l'ombre,
   N'irai-je plus (bis) sur le galet
   Ramer sans bruit sur le flot sombre,
   Pour y lever (bis) mon lourd filet!
   A d'autres flots, dans les orages,
   Irai-je, hélas! (bis) livrer mes jours!
   Abandonnant ce doux rivage
   Où l'on m'aimait (bis) et pour toujours?
      Oui, pour toujours!
O mer profonde, ô ciel si bleu,
Non, je ne puis (bis) vous dire **adieu!**
Je ne veux pas vous dire adieu!
   O Naples, ô ma patrie,
   Je veux, avec fierté,
   Gaiment risquant ma vie,
   Sauver (bis) la liberté!
   Comme un monarque auguste,
   O peuple aimé d'amour,
   Je veux, au nom du juste,
   Pour toi régner un jour!
   Au peuple qu'on opprime,
   Rendons la liberté,
   Et, dictateur sublime,
   Sauvons (bis) la liberté! (ter.)

FANNY!
LA BICHE DU CASINO

Air du *Duc de Byzance*. (Musique à faire.)

(*Parlé.*) Messieurs, je vais vous narrer la complainte de Fanny, la biche du Casino, déesse du *Pied dans l'œil*, drame-vaudeville en six couplets, qui prouve comme quoi la vie est un jeu de piquet dans lequel il ne faut pas faire le *Grand Écart !!!*

Et, comme disait Paul Niquet, homme d'esprit, parbleu !

« Cœur qui roule n'amasse pas de mousse ! »
Et, la preuve, écoutez :

    Fanny, qu'on renomme,
    Est fill' du hazard.
    Sa mèr' buvait comme
    Un ancien hussard.
    Son pèr', c'est d' l'histoire,
    On n' l'a jamais vu,
    C'est c' qui me fait croire
    Qu'ell' n' l'a pas connu !

       REFRAIN.

  Et voilà c' que c'est qu' la bi bi,
    Du Casino la biche,
  La rein', la déess', la houri
    Du grand bal Mac-Chinski,
      Tchi !

    Fanny, la grisette,
    N'avait pas un sou
    Quand dame lorette
    Lui dit : Mon bijou,

Pour aimer et rire
Pai' toi du gandin,
T'auras ton cach'mire
Pour demain matin.
Et voilà c' que c'est, etc.

Fanny, de modiste,
Quitt' l'état... mâtin !
Pour êtr' liquoriste
Au quartier latin ;
Puis ell' vend ce titre,
Abandonne Oscar
Pour se faire... ah ! fichtre !
Rosièr'... du boulevard !
Et voilà c' que c'est, etc.

Fanny d'vient l'élève
D'un' fill' d'Opéra,
Et maint'nant ell' lève
La jamb' jusque là !...
Puis, ell' quitt' Gugusse
En se disant : Ah !
J' préfère un princ' russe !
Si je m' payais ça !
Et voilà c' que c'est, etc.

Bref, la pauvre fille,
Qui n'avait plus d' ça ! *(du cœur.)*
Au bal d' la Courtille
Un jour se donna ;
J' l'ai r'vu', quell' déveine !
Au bras d'un sapeur. *(Soupirant: Ah !)*
Ça m'a fait d' la peine,
Ma parole d'honneur !
Et voilà c' que c'est, etc.

Fanny, la lorette,
A bien mal fini :
Ell' vend d' la crevette
Et loge en garni.
Et l' soir, dans la rue,
On l'entend chanter :
J'ai un pied qui r'mue !
A deux sous l' cahier !
Ainsi finit la belle bi bi, etc.

F. BAUMAINE.

LA PROCÉDURE
DES YEUX NOIRS ET DES YEUX BLEUS

Musique de GATAYES

La Musique se trouve chez A. HEURRÉ, libraire-éditeur, à Paris, rue du Petit-Carreau, 14.

Les yeux noirs brillants d'étincelle
Et les yeux bleus tendres et doux,
Dans leurs disputes éternelles,
Prétendaient régner seuls sur nous.
Chacun voulait la préférence,
L'un parlait contre et l'autre pour :
Enfin, ce procès d'importance
Vient d'être jugé par l'Amour.   }bis

Jamais procès, à l'audience,
N'avait causé tant d'embarras :
Les noirs, les bleus, pour leur défense,
Avaient de nombreux avocats ;
Pour témoins, des baisers de flamme,
Pour défenseurs, mille soupirs,
Pour preuve, le trouble de l'âme,   }bis
Et, pour rapporteurs, les désirs.

L'Amour termina la querelle
Par cet arrêt judicieux :
Avec des yeux noirs on est belle,
On est belle avec des yeux bleus.
Les bleus marquent plus de tendresse,
Les noirs plus de vivacité ;
Les noirs annoncent la finesse,   }bis
Les bleus expriment la bonté.

Les noirs sont sujets aux caprices,
On ne peut les voir sans danger ;
Les bleus n'ont pas tant d'artifices,
Sont moins exposés à changer.
Dans les noirs j'ai mis mon délire,
Dans les bleus la tendre langueur ;
L'esprit dans les yeux noirs respire,   }bis
Dans les yeux bleus c'est la douceur.

MIGNONNET LE TAMBOUR

SCÈNE MILITAIRE

Paroles de Jules CHOUX. Musique de F. BAUR.

La Musique se trouve chez **A. HURÉ**, libraire-éditeur, à Paris,
rue du Petit-Carreau, 14.

REFRAIN

Je suis tapin, j'ai vingt ans d'âge ;
J'ai du cœur et n' manqu' pas d' courage...
Dam ! j'en ai, comm' tous nos tambours,
Donné la preuv' dans les grands jours !
    Rapataplan !
    Notre ardeur guerrière
Battait la charge... artistement !
Aujourd'hui, notre cœur aimant
Veut se livrer au sentiment
Et le mener tambour battant !

Avant l' départ, mon bon vieux père
Me dit : Te voilà militaire !
Suis toujours le chemin d' l'honneur...
Mérit' l'étoil' de la valeur !
Moi, plus malin qu' les camarades,
Pour être, à défaut d'autres grades,
Un des *premiers* du régiment...
Je m' fis tambour dès l' commenc'ment.

(*Parlé.*) C'est pas trop bête, pour un volontaire !...
Toujours dans les premiers... en tête de la colonne.
C'est le cas de dire : Qui m'aime me suive ! Si c'est
pas tous des amis, au moins, il n'y a pas d'*ennemis*,
et je les mène tous à la victoire... *à la baguette !*...
(*Au refrain.*)

De tout l' quartier j' suis la coqu'luche,
Aussi je n' crains pas qu'on m'épluche ;
Quand je suis bien débarbouillé,
On voit qu' je n' me mouch' pas du pié.

Par dessus tout ça, l'uniforme
Qui vous dessine et qui vous forme,
Si bien qu' j'entends dir' chaque jour :
Qu'il est mignon, ce petit tambour!

(*Parlé.*) Et il ne manque pas de *connaisseuses*
dans le quartier : Maria, la fleuriste; Jenny, la modiste; Flora, la couturière; Clara, Isidora et *cætera!*
Des *ra* et des *fla*... tout ça se laisse si bien prendre
à mon *émabilité*, que je n'ai qu'à vouloir en faire
mes *payses*... Histoire d'être toujours en pays de
connaissances. (*Au refrain.*)

Dans tous pays, grâce à ma grâce,
Je suis très-d'mandé sur la place;
Pour pleurer son défunt mari,
Plus d'un' me prend pour favori!
Et quand, consolé' du veuvage,
Ell' m'offre un' fortune en partage,
Avec son cœur et l' tremblement,
Je réponds insensiblement :

(*Parlé.*) Séduisante *borgeoise*, optempérez-moi,
je vous prie, la faveur de m'*écoutère*. A quoi vous
servirait de mettre tout *en plan*... *rente en plan*,
pour faire *caisse* commune avec moi?... Je n'ai que
mes *rantanplan*, je les mets à vos pieds! Mais c'est
un triste fonds de *roulement* pour *battre* et combattre l'infortune. Pas possible que ça *marche*... ce
serait une mauvaise *charge*... Ainsi, faut .. *pas redoubler*... et je bats en retraite en répétant... (*Au
refrain.*)

Puisqu'au combat j' suis intrépide,
L'Amour ne saurait m' voir timide :
Tant que j'aurai bon pied, bon œil,
J' veux qu' la beauté me fasse accueil!
Plus tard, je prendrai ma retraite
Et délaisserai la fillette
Pour le nectar... En attendant,
J'y vais gaîment, tambour battant!

(*Parlé.*) Quant au mariage, n, i, ni, c'est bâclé, n'en faut pas!... Hou, le mariage!... Sur ce chapitre-là, je suis de l'avis du sergent Gargousse : c'est une *institutillion* utile et respectable... chez les autres! Mais moi, j'en use... comme du tabac.. sans blague!... Je le fume et le *prise* beaucoup... mais... je ne porte pas de *boîte!* (*Relevant sa moustache.*) Mes succès me permettent d'agir ainsi! Et quand plus tard le jeune *tapin* sera devenu un vieux *lapin*, il pourra dire comme feu Bilboquet : *Sauvons la caisse!* (*Au refrain.*)

ÉCRIRE FRANCO

A. HURÉ, libraire-éditeur, à PARIS

14, RUE DU PETIT-CARREAU, 14.

Maison spéciale pour toutes les Publications en Musique petit format, à 20, 25, 40, 50 et 60 centimes net

Commissions pour la province

Éditeur de la collection populaire

LES SUCCÈS

Cette collection renferme le choix le plus varié de Romances, Chansons, Chansonnettes, Scènes comiques et Duos. **525** livraisons sont en vente.

PRIX DE LA LIVRAISON : 20 cent., RENDUE FRANCO

Le Catalogue de cette collection sera adressé *franco* aux personnes qui en feront la demande par lettre affranchie.

Paris Typ. Barulé, rue Jacq. de Brosse, 10

LES RIENS

CHANSONNETTE

Paroles de Jules PERRIN. Musique de Ch. POURNY.

La Musique se trouve chez **A. IKURÉ**, libraire-éditeur, à Paris,
rue du Petit-Carreau, 14.

La vie entière se compose
D'un grand nombre de petits *riens*;
Un *rien* souvent est quelque chose,
C'est la source de très-grands biens;
Un *rien* renverse des obstacles
Que *rien* ne pouvait surmonter; (*bis.*)
Un *rien* vous fait croire aux miracles, ⎫
Un *rien* peut vous faire douter.   ⎬ *bis.*

Que sommes-nous sur cette terre?
Des *riens* gonflés d'un peu de vent,
Qui, ballottés en sens contraire,
Se heurtent, se brisent souvent;
Titres, cordons, grandeurs, richesses,
Tas de *riens* qui sont quelquefois (*bis.*)
Cause de bien grandes bassesses, ⎫
D'infiniment petits exploits.   ⎬ *bis.*

Oui, la plus fidèle maîtresse
Pour un *rien* trompe son amant,
Pour un *rien* l'on verra sans cesse
L'amant le plus tendre inconstant.
C'est pour un *rien* que dans ce monde,
Autour du veau d'or qui penchait, (*bis.*)
L'humanité danse une ronde ⎫
Où les vices tiennent l'archet. ⎬ *bis.*

Album du Gai Chanteur.   5e vol. 85e Livr.

Cette femme, à la promenade,
Dont on parle tant, ce n'est *rien;*
Seulement, comme Alcibiade,
Elle a détérioré son... chien.
Voyez-vous ce dandy qui passe
A cheval, comme un maquignon? (*bis.*)
On le croirait de noble race :
C'est un *rien* orné d'un lorgnon. } *bis.*

Un *rien*, souvent, c'est le cri : Gare !
Dont on meurt s'il n'est entendu;
C'est la cendre d'un bon cigare
Ou bien la corde d'un pendu.
Un *rien* vous donne la fortune,
Un *rien* vous l'enlève souvent, (*bis.*)
Un *rien* ferait tomber la lune,
Rien plus qu'un *rien* n'est tout puissant. } *bis.*

Un *rien* devient l'ordre suprême
Qui met l'univers sous ses lois;
Un *rien*, c'est tout... c'est le mot : J'aime !
Que dit l'amoureux aux abois.
Un *rien*... mais ici je m'arrête,
Car un *rien* fait fuir le plaisir; (*bis.*)
Un *rien* tuera ma chansonnette,
Un *rien* la fera réussir. } *bis.*

AVIS AUX MARIS JALOUX

CHANSON DE NOCE

Air : *Que ne suis-je la fougère !*
Ou : *Aussitôt que la lumière,*
Ou : *Petits oiseaux, baisez-vous.*

De la sombre jalousie,
Maris, fuyez le poison.
Cette noire frénésie
Vous prive de la raison.
Si des rivaux véritables
Causent vos tourments secrets,
En vous rendant plus aimables,
Renversez tous leurs projets.

Si votre épouse est fidèle,
A tort vous vous alarmez ;
Si l'amour ailleurs l'appelle,
En vain vous vous gendarmez.
La contrainte dont on use,
Par un jaloux mouvement,
D'une femme accroît la ruse
Et les désirs d'un amant.

Argus, auprès d'une belle,
Eut beau veiller nuit et jour,
Malgré sa garde éternelle,
Il fut dupé par l'Amour.
Si ce gardien trop sévère
Ne put rien avec cent yeux,
Hélas ! que pourriez-vous faire,
Vous qui n'en avez que deux !

Pour trop user de remède,
Bien souvent on se détruit :
De l'erreur qui vous possède,
Jaloux, voilà tout le fruit.
Vos précautions sévères
Avancent l'instant fatal,
Et vos pleurs imaginaires
Réalisent votre mal.

LE FRINGANT TAMBOUR

CHANSON PAS REDOUBLÉ
Chantée par M. COLLÉ, au Casino Français.

Paroles de T. de SANSAY. — Musique recueillie
par J. JAVELOT.

La Musique se trouve chez A. HURÉ, libraire-éditeur, à Paris,
rue du Petit-Carreau, 14.

Après la ritournelle. (*Parlé.*) En route, mauvaise troupe ! Qu'est-ce que c'est ? on murmure..., l'étape est trop longue ! Allons, mes amis ! crions pas, on va vous dégoiser la chanson du Fringant Tambour... En avant... arrrrche... (*Tout ce parlé, ainsi que les couplets, doivent être débités en marquant le pas.*)

Adieu les tambours !
Enfin, pour toujours,
Je vais me r'poser le restant d' mes jours.
J'ai mon congé, grâce à la paix ;
J'ai z'eu des succès,
Car je suis Français.
Au centre, au midi, dans le nord,
En bravant le sort,
J'affrontai la mort.

Le sac sur le dos,
Suivant nos drapeaux,
J'étais cuit, rôti dans les pays chauds ;
Morfondu sous les pays froids,
J'ai cent mille fois
Soufflé dans mes doigts,
Le ventre aussi creux qu' l'estomac,
Étant au bivouac,
Fumé sans tabac...

J'ai vu très-souvent
Me battre en courant
Afin d'attraper l'ennemi fuyant ;
Quand je combattais sans manger
Au fort du danger
J'étais plus léger ;
Un petit coup de brandevin,
A défaut de pain,
Apaisait ma faim.

Nous disions, entrant
Chez le paysan :
Vite, apportez-nous du vin rouge ou blanc,
De la soupe et du bon fricot,
Du mouton, du veau,
Point de haricot;
Donnez ce que nous demandons,
Ou bien nous allons
Plumer tes dindons.

Le rôti bien cuit,
Le dîner servi,
Je le dévorais de bon appétit.
Puis après, au vin du coteau,
Je disais un mot,
Sans y mettre d'eau...
A la santé des paysans!
Qui, de temps en temps,
Riaient du bout des dents.

Après le dîner,
Je filais m' coucher,
Pour le lendemain pouvoir mieux valser.
Si par l'hôtess' j'étais r'conduit,
Pristi! sapristi!
L'adorable nuit!...
J'avais ses faveurs secrèt'ment...
C'était tout autant
De pris en passant.

Mais suffit, *motus!*
Oublions Vénus,
Il faut qu'un tambour soit pétri d' vertus.
Baguett's en main, l' jour des combats,
Vite au branle-bas
J' tapais des deux bras!
La peau d'âne est un talisman
Dont le roulement
Donn' du sentiment.

Ayant mon congé,
Puisque j' suis r'traité,
Par la gross' Suzon j' vas m' faire épouser!
La malheureus', gare à son cœur,
Car j'ai de l'ardeur
Pour fair' son bonheur;
J' veux dans quéqu' temps, sans êtr' malin,
Qu'un petit bambin
M' remplac' comm' tapin.

LA FOI
L'ESPÉRANCE & L'AMOUR

MÉLODIE

Paroles de Marc CONSTANTIN. Musique de J. POTHARST.

La Musique se trouve chez **A. HURÉ**, libraire-éditeur, à Paris,
rue du Petit-Carreau, 14.

Avec moi viens au ciel, dans la douce patrie
Du soleil et des fleurs! Oh! viens passer ta vie
Près des anges de Dieu! près des anges de Dieu!
Sur la terre le cœur lentement se consume,
Et puisqu'il n'est qu'oubli, que haine et qu'amertume,
Dis au monde : Adieu! dis au monde : Adieu!
    Montons vers l'asile des anges,
    Car c'est au céleste séjour
    Qu'on trouve en leurs saintes phalanges
    La Foi, l'Espérance et l'Amour!

Lorsque les séraphins chanteront les louanges,
Notre voix s'unira dans le concert des anges,
Montant vers le Seigneur, montant vers le Seigneur.
Car il aime l'encens que notre cœur lui voue;
Et l'âme qui, pour lui, saintement se dévoue,
Possède le bonheur, possède le bonheur.
    Montons, etc.

Ne regrette plus rien, car on dit que la vie
Est un rêve menteur que bientôt on oublie
Auprès de l'Éternel, auprès de l'Éternel!
Je délaisse avec toi la terre où tout se fane,
Et je te prêterai mon aile diaphane
Pour voler vers le ciel, pour voler vers le ciel!
    Montons, etc.

MADAME LA VIGNE

CHANSON

Paroles de A. LAMY. Musique de A. LAGARD

La Musique se trouve chez A. IXURÉ, libraire-éditeur, à Paris,
rue du Petit-Carreau, 14.

REFRAIN

Gué, gué, tin, tin, tin,
Voici madame La Vigne,
Gué, gué, tin, tin, tin,
La mère du genre humain,
Que l'on croyait morte, enfin,
Quand le ciel, faveur insigne,
Pour apaiser vos tracas,
Dit, en voyant mon trépas :
La vigne ne périra pas.

Pour mettre fin à vos maux,
Vite accourant de Bordeaux,
De Beaune, du Rhin, d'Espagne,
De Roussillon, de Chablis,
Vous avez, mes bons amis,
En moi joyeuse compagne.
Pour vous, gentilles grisettes;
Pour mettre, vives lorettes,
Votre pudeur à couvert,
Afin que la joie vous gagne,
J'arrive de la Champagne
Juste au moment du dessert.
    Gué, gué, etc.

Nourrice au lait bienfaisant,
Tantôt rouge, tantôt blanc,
De mon sein coule sans cesse
Ce nectar qui, de l'enfant,

Soutient le pas chancelant
Et ranime la vieillesse.
Au palais, dans la mansarde,
Pour avoir l'humeur gaillarde,
Vous implorez mon secours.
Fillettes jeunes et belles,
Sous l'ombre de mes tonnelles,
Je protége vos amours.
     Gué, gué, etc.

Je donne, par ma chaleur,
De la malice à l'auteur,
A tous poltrons du courage,
A l'ouvrier de l'ardeur,
A bien des époux du cœur...
Pour attendre le veuvage,
Epouses parfois friponnes,
Je retiens près de mes tonnes
Vos maris au cabaret;
Epoux qu'une catastrophe
Orne de mainte apostrophe,
Près de moi tout disparaît.
     Gué, gué, etc.

Par brevet d'invention,
On fait une infusion
De bois, de ronces, d'herbages;
Espérez-vous désormais
Me remplacer à jamais
Par cet affreux tripotage?
Vous qui, de la médecine,
Par ma puissance divine,
Savez braver le coco,
Laissez les chardons aux ânes,
Aux médecins leurs tisanes,
Aux méchants le *sombrico*.
     Gué, gué, etc.

DEPUIS QUE JE NE TE VOIS PLUS

ROMANCE

Paroles de PAUL DE KOCK

Air : *Ma Lisette, quittons-nous* (Javelot).

C'en est donc fait, ma Virginie,
Pour jamais tu veux me quitter ;
Ce qui m'étonne, mon amie,
C'est de souvent te regretter.
Quand tu me prouvais ta tendresse,
Tes soins étaient fort mal reçus ;
Mais je voudrais te voir sans cesse
Depuis que je ne te vois plus.

Chaque jour, avec indolence,
Auprès de toi je me trouvais ;
Mes yeux, avec indifférence,
Voyaient tes grâces, tes attraits ;
Aujourd'hui je leur rends les armes ;
Mes sens d'y penser sont émus !...
Et je vois en toi mille charmes...
Depuis que je ne te vois plus.

Lorsque nous causions, il me semble
Que je te trouvais peu d'esprit ;
Et nous passions une heure ensemble
Parfois sans nous être rien dit :
A présent, combien je soupire
Après tous ces moments perdus !...
J'ai mille choses à te dire...
Depuis que je ne te vois plus.

Souvent tu me disais : Je t'aime !
Et cela me touchait fort peu ;
Mon cœur, je te l'avouerai même,
Répondait mal à cet aveu.
Maintenant quel feu me dévore !
Tous mes désirs sont revenus !...
Enfin, je sens que je t'adore...
Depuis que je ne te vois plus.

BÉCASSIN LE PHILOSOPHE

SCÈNE COMIQUE

Paroles de E. DURAFOUR. Musique de J. JAVELOT.

La Musique se trouve chez A. HURÉ, libraire-éditeur, à Paris, rue du Petit-Carreau, 14.

REFRAIN.

Moi, j'aime le vin,
Chacun son goût, c'est ma folie.
Narguant le chagrin,
Moi, j'aime la philosophie.
Salut au vin (*bis*), mes seul's amours,
Salut au vin, mes seul's amours!
J'en ai toujours bu, j'en boirai toujours.

Faut rentrer au domicile,
V'là l'instant du grand branle-bas,
Heureus'ment qu' j'ai l'esprit tranquille
Et que je ne balance pas.
Ma femme va faire tapage,
Puis m'accabler d' mauvais propos;
J' suis bon marin, j' crains pas l'orage,
J' m'en moqu' pas mal, car j'ai bon dos.

(*Parlé.*) J' suis un homme, moi, et pis v'là tout; si vous m' voyez un peu ému, n' croyez pas qu' c'est la boisson : c'est la contrariété qu' j'éprouve dans mon intérieur. Moi, la pâte des maris, qui devrait être heureux comme un poisson dans la mélasse, ma scélérate de femme m'en fait voir de toutes les couleurs; moi, Bécassin, cordonnier (*en vieux*) et en neuf, établi rue des Bottes, à l'enseigne du *Tire-pied enchanté*, numéro effacé, au *cintième* sur le derrière, la porte à droite; on est prié d' ne pas ouvrir celle qui est à gauche, pour cause de... (*il éternue*) réparation! et pis v'là tout. Tout ça n'empêche pas mon insensible moitié de faire courir le bruit qu' je mange tout; heureusement qu' je suis connu dans mon quartier, que chacun sait qu' je n' mange pas un quarteron de pain par jour; il est vrai qu' je me rattrape sur le liquide;

comme dit le proverbe, un veau qui tète ne mange guère, et pis v'là tout... (*Au refrain.*)

  Qué qu' ça m' fait qu'on m'appelle ivrogne,
  Ce titre n'est pas l' déshonneur;
  Mieux vaut être buveur que borgne,
  C'est moins triste, parol' d'honneur!
  L'eau me donnerait la jaunisse,
  Je la laisse pour les canards;
  Cette boisson est peu propice
  Pour le gosier des vrais pochards.

(*Parlé.*) Et pis v'là tout. Je sors, tel qu' vous m' voyez, du *Lapin qui renifle*, établissement fréquenté par les liche-à-mort, les boit-sans-soif, les siffle-dur, les soiffardinoses, les pochardinis, les gosiers-sèches, enfin tous les becs-salés en général; comme j'ai l'avantage de faire partie de cette honorable et soiffeuse association, j'ai prêté serment, comme tous les camarades, de mourir pour elle s'il le faut, pourvu qu' ce n' soit pas d' soif, car... (*Au refrain.*)

  Allons, Bécassin, mon bon homme,
  Il s'agit d'avoir de l'aplomb;
  Nous verrons qui qu'aura la pomme,
  De la culotte ou du jupon.
  Par la corbleu! je suis le maître;
  Si ma moitié me reçoit mal,
  Je jett' la maison par la f'nêtre,
  C'est ça, j' vas fair' du bacchanal.

(*Parlé. — Il s'attendrit.*) Ah! si j' m'étais cassé le cou le jour où j'ai fait connaissance d'Ambroisine Dusoufflet, ma légitime, j' s'rais ben pu heureux. Figurez-vous un vrai léopard pour la douceur. L'autr' jour, rentrant paisiblement dans mon domicile, comme c'est mon habitude, elle me dit avec sa petite voix flûtée (*imitant la voix de sa femme*): — Te v'là, sac à vin, *pillet* de cabaret! tu m' laisses avec six enfants sur les bras! — On les pose par terre, qu' j' lui réponds. — (*Imitant la voix de sa femme.*) Mais ils me demandent du pain! — On leur-zy-flanque le fouet. J'avais pas achevé cette dernière parole qu'elle me lance un tabouret en pleine poitrine. Patatras !... je tombe à plat ventre, assis dans la poêle à frire qu'était justement su' l' feu ; sans l' fond d' mon pantalon en cuir bouilli, j'étais défiguré ! Ah !... pour le coup, j' me relève, je quitte mon habit, je retrousse mes manches et lui dis : Va, tu n'es qu'une méchante femme, et pis v'là tout ; j' sis un homme, moi ! Une petite leçon de temps en temps aux femmes, ça n' fait pas d' mal, surtout à la mienne. Je sais bien pourquoi elle m'en veut, c'est qu'elle est jalouse de la fille de not' propriétaire, une jeune fille pleine de vertu et d'induction, jolie comme les Amours, qui sort de pension. Est-ce ma faute, à moi, si ma conduite et ma belle tenue lui ont tapé dans l'œil, à c'te fille? Elle n'est pas la seule, la malheureuse, pisque les femmes du quartier m'ont surnommé l'aimable, motif pour lequel ma femme veut leur y donner une *trépignée*. (*Il rit.*) Qu'elle s'arrange, j' m'en bats l'œil ; les femmes, c'est pas mon affaire : j' peux pas fêter tous les dieux à la fois. (*Il remplit son verre.*) Cupidon est un farceur... (*Il boit.*)... (*Après avoir bu.*) Et Bacchus est un ami, et pis v'là tout...

    Moi, j'aime le vin,
Chacun son goût, c'est ma folie.
    Narguant le chagrin,
Moi, j'aime la phisolophie.
Salut au vin (*bis*), mes seul's amours,
Salut au vin, mes seul's amours !
J'en ai toujours bu, j'en boirai toujours.

ÉCRIRE FRANCO

A. HURÉ, libraire-éditeur, à PARIS
14, RUE DU PETIT-CARREAU, 14.

Seul propriétaire des chansons contenues dans l'Album du Gai chanteur.

(Reproduction complétement interdite.)

Paris. — Typ. Beaulé, 10, rue Jacques de Brosse.

LA LÉGENDE
DE LA GRENOUILLE

Paroles de MM. DAMETHIEU et Aug. BOULANGER.

Musique arrangée par **Auguste BOULANGER**.

La Musique se trouve chez **A. HURÉ**, libraire-éditeur, à Paris, rue du Petit-Carreau, 14.

INTRODUCTION

La légende de la grenouille et du crapaud, épisode marécageuse racontée par un jeune moucheron à une demoiselle de passage qui l'écoute, le sourire sur les lèvres, en se balançant mollement sur un roseau qu'agite une brise légère; la lune éclaire dans le silence de la nuit la scène, qui se passe sur le bord d'un étang.

Le sensible moucheron s'exprime en ces termes:

Jadis vivait au fond d' ce marécage,
  Trou la la, la-ï-tou la la!
Un' jeu' grenouill' aussi belle que sage,
  La-ï-tou la la-ï-deri!
   Trou la trou la la!

Un jeun' crapaud, à peu près du même âge,
  Trou la la, etc.
Vient un beau jour lui parler mariage,
  La-ï-tou, etc.

Album du Gai Chanteur. 5e vol. 86e Livr.

Je l' voudrais bien, disait-elle avec âme,
    Trou la la, etc.
Mais mon tuteur de moi veut fair' sa femme,
    La-ï-tou, etc.

Mais une nuit elle vit apparaître.
    Trou la la, etc.
Son cher crapaud, qui disait sous sa f'nêtre :
    La-ï-tou, etc.

Il lui chanta cette douce ariette,
    Trou la la, etc.
S'accompagnant avec un' clarinette,
    La-ï-tou, etc.

Quand son tuteur, vieux lézard à l'œil louche,
    Trou la la, etc.
Vient à paraître, et dit d'un air farouche :
    La-ï-tou, etc.

Le jeun' crapaud, à c't' insulte mortelle,
    Trou la la, etc.
Tir' son épée et lui brûl' la cervelle,
    La-ï-tou, etc.

Après le duel, il dit à la grenouille,
    Trou la la, etc.
J'prends l' chemin d' fer, car j'entends la patrouille,
    La-ï-tou, etc.

La pauvr' grenouille, s' voyant abandonnée,
    Trou la la, etc.
S'asphyxia dans le coin d' sa ch'minée,
    La-ï-tou, etc.

Puis ell' lui dit de sa voix de trombonne,
    Trou la la, etc.
    (Faire un pied de nez.)
Tiens! v'là pour toi, puisque tu m'abandonne.
    La-ï-tou, etc.

LE PETIT MARI
RONDE POPULAIRE

Mon père m'a donné un mari,
   Mon Dieu! quel homme,
    Quel petit homme!
Mon père m'a donné un mari,
   Mon Dieu! quel homme,
    Qu'il est petit!

D'une feuille on fit son habit,
   Mon Dieu, etc.
D'une feuille on fit son habit,
   Mon Dieu, etc.

Le chat l'a pris pour une souris,
   Mon Dieu, etc.
Le chat l'a pris pour une souris,
   Mon Dieu, etc.

Au chat! au chat! c'est mon mari!
   Mon Dieu, etc.
Au chat! au chat! c'est mon mari,
   Mon Dieu, etc.

Je le couchai dedans mon lit,
   Mon Dieu, etc.
Je le couchai dedans mon lit,
   Mon Dieu, etc.

De mon lacet je le couvris,
   Mon Dieu, etc.
De mon lacet je le couvris,
   Mon Dieu, etc.

Le feu à la paillasse a pris,
   Mon Dieu, etc.
Le feu à la paillasse a pris,
   Mon Dieu, etc.

Mon petit mari fut rôti,
   Mon Dieu, etc.
Mon petit mari fut rôti,
   Mon Dieu, etc.

Pour me consoler je me dis :
   Mon Dieu! quel homme,
    Quel petit homme!
Pour me consoler je me dis :
   Mon Dieu! quel homme,
    Qu'il est petit!

LE
SOLDAT EN GOGUETTE

Paroles de

PAUL DE KOCK

Air : *Trou la la,* ou *J'ai de l'argent.*

J' suis en fonds, (*bis.*)
Chantons, rions et *bouffons;*
J' suis en fonds, (*bis.*)
En avant les carafons !

Camarad's, vous saurez donc
Que de ma tant' c'est un don;
Dix écus, ni moins ni plus,
Qu'elle m'envoie en *quibus!*
J' suis en fonds, etc.

Sergent, caporal, et vous,
Tambours, venez avec nous;
Je voudrais dans ce moment
Régaler tout l' régiment.
J' suis en fonds, etc.

J'ai reçu ce boursicot
Avec un gilet d' tricot;
Pour que l' régal soit complet,
Nous mangerons le gilet.
J' suis en fonds, etc.

Si ma tante ne m' donn' plus rien,
J'ai mon oncle, il a du bien!...
Et j'aim' trop les restaurants
Pour oublier mes parents.
J' suis en fonds, etc.

Garçon, mettez, sans retard,
Du suc' dans l'om'lette au lard,
Et soignez le bain de pied
Du p'tit verre de l'amitié,
    J' suis en fonds, etc.

On doit se battre demain :
Jurons, le verre à la main,
Pour mieux vexer l'étranger,
De tout boire et d' tout manger.
    J' suis en fonds, etc.

En guerr', le métier d' soldat
Est vraiment un bel état ;
Un boulet peut nous r'lancer,
C' n'est pas la pein' d'amasser.
    J' suis en fonds, etc.

Si l' canon m' sign' mon renvoi,
Camarad's, promettez-moi
A ma santé d' boire encor,
Même après que je s'rai mort.
    J' suis en fonds, (*bis*)
  Chantons, rions et *bouffons;*
    J' suis en fonds,
En avant les carafons !

L'ORGUEIL DU PAUVRE
CHANSON DRAMATIQUE
Paroles de E. HOCQUET. Musique de V. ROBILLARD.

La musique chez A. HURÉ, libraire-éditeur, rue du Petit-Carreau, 14.

Approche, enfant, écoute et sois sincère :
Quels sont ces gens ? Que venaient-ils t'offrir ?
De l'or, sans doute, en disant: Pour ton père ;
Il souffre, eh bien ! tu peux le secourir.
Dernier affront ! il manquait à Lazare.
Ils reviendront demain, fille, dis-tu ?
Dis-leur, enfant, qu'ici le pain est rare,
Mais que jamais on n'y fut sans vertu.
Dis-leur, enfant, qu'ici le pain est rare ;
L'orgueil du pauvre, enfant, c'est la vertu !

Ils reviendront alarmer ta tendresse,
Ils reviendront plus pressants et plus forts,
Et tu sauras combien en la détresse
Pour rester pure il en coûte d'efforts.
Pour t'épargner celui qu'on te prépare,
Dieu m'est témoin que j'ai bien combattu.
  Dis-leur, enfant, etc.

Ils reviendront avec un calme étrange,
Et bourse en main te demander ta foi ;
Ils te diront que dans un tel échange,
Obscure enfant, tout l'honneur est pour toi.
Ah ! je sais trop tout ce qui vous dépare,
Car, plus qu'eux tous, j'y ai songé, vois-tu.
  Dis-leur, enfant, etc.

Ils reviendront frapper à la chaumière
Et daigneront enfin s'y arrêter ;
Ils s'assiéront au foyer de misère,
Pour la guérir ? Non, c'est pour la tenter !
Mais si parfois, quand la foudre s'égare,
L'arbre se penche, il n'est pas abattu.
  Dis-leur, enfant, etc

Dis-leur, enfin, qu'il n'est plus sous mon chaume
Rien qui par eux puisse être convoité ;
Rien, si ce n'est ce qu'au prix d'un royaume,
S'il fût né roi, Lazare eût acheté.
Il reste fier du seul bien qui le pare ;
Du cœur de l'homme il mourra revêtu.
  Dis-leur, enfant, etc.

L'HOMME D'AFFAIRES

SCÈNE COMIQUE

Paroles et musique de

AUGUSTE BOULANGER

La Musique se trouve chez A. HEURÉ, libraire-éditeur, à Paris,
rue du Petit-Carreau, 14.

INTRODUCTION

M. Dubagout, homme d'affaires, a l'honneur de prévenir le public qu'il donne toujours des consultations aux personnes qui ont des procès à *embrouiller* ou à *débrouiller*. Il se charge généralement de toute espèce d'affaires. S'adresser *franco* à M. Dubagout, ci-devant rue des *Mauvaises Paroles*, et maintenant rue des *Plaideurs* maison *des deux Gaspards. La caisse est ouverte tous les jours... pour recevoir*; on ne *paie* que les 31 *de chaque mois, depuis minuit jusqu'à cinq heures du matin*, pour ne pas déranger M. Dubagout dans le jour, vu ses nombreuses occupations.

> Je ne perds jamais un procès,
> Mes clients prônent mes succès;
>   Voilà pourquoi,
>   Voilà pourquoi } bis.
>   Du palais,
> Du palais je suis roi.

> Je suis homme de bon aloi;
> Plaideurs de tout's espèces,
> Apportez-moi vos pièces
> En vous en rapportant à moi;

Et puis, j'espère,
De votre affaire,
Tirer un bon parti vraiment.
Sans me flatter, je suis savant,
Et bien souvent
On m'en fait compliment.

(*Parlé.*) Aussi, les affaires ne manquent pas. D'abord, voyons celle de M. Laruine, l'architecte de la rue des *Maçons*, ci-devant rue du *Plâtre*, maison *Lacurrière*. Vraiment, je ne comprends pas son oubli dans cette affaire-là ; il se charge de construire une maison moyennant la somme de 400,000 francs, une belle propriété, ma foi ! située rue de Gramont ; quand elle est terminée, il s'aperçoit qu'il a oublié l'escalier. Vous comprenez comme ça a fait *monter*... le propriétaire qui, lui-même, ne savait plus comment *descendre*... du prix convenu... Il est tombé de son haut... ça lui a cassé bras et jambes, j'ai cru qu'il ne s'en relèverait pas. Pour obvier à cet inconvénient, l'architecte a proposé d'y adapter extérieurement une échelle, à ses frais, bien entendu. J'ai même conseillé d'y mettre *une corde*.. *d'appui* ; mais le propriétaire ne veut pas en entendre parler, il dit que ce serait un véritable casse-cou. Et je comprends que ça serait un peu gênant pour les locataires, et surtout quand ils se rencontreraient sur cette échelle. On peut se figurer facilement une locataire qui descend, un voisin qui monte. Voyez-vous ! ce serait un embargo à n'en plus sortir. D'un autre côté, dans la prévision que cette maison resterait sans escalier, voyez comme il y a des gens qui savent profiter de tout, la boutique a été louée par M. Bellecoupe ; c'est un fabricant de caleçons qui se propose d'en vendre et d'en louer ; il a de hautes vues pour son entreprise. Je peux dire que cet *escalier* m'a déjà fait faire bien *des pas et démarches*. Je crois qu'il faudrait bien des affaires comme celle-là pour enrichir M. Laruine. Je ne sais pas comment le Tribunal prononcera, mais j'espère m'en tirer avec honneur, car : (*Au refrain.*)

Infatigable en mes efforts,
Je mène au pas de course :
Vente, achat, jeu de bourse,
Mariage et prise de corps.

Quand la discorde
Partout déborde,
Plaideurs, c'est dans votre intérêt
Qu'on a fondé mon cabinet.
Car, sur l'honneur !
Je suis né chicaneur.

(*Parlé.*) Aussi je les brasse, les affaires, je les mène à la vapeur, voilà comment je les comprends. Tiens, voilà monsieur Lecoq, le propriétaire de la rue Chapon. Monsieur Canneton, votre locataire, à qui vous m'avez fait signifier congé, faute de paiement, sort d'ici à l'instant; il paraissait fort contrarié et m'a chargé de vous dire que, comme il tient à votre maison, il préfère subir une augmentation plutôt que de déménager. — (*Voix de vieux.*) Eh bien ! mais comment le trouvez-vous ce canard-là ? Depuis deux ans qu'il loge chez moi, il ne m'a jamais donné un sou; poursuivez cette affaire. Mais, pour le moment, je viens pour que vous me tiriez d'un bien grand embarras. — De quoi s'agit-il ? mon cher monsieur Lecoq. — Hier, je passais devant l'Hôtel des Ventes; il me prit fantaisie d'y entrer. On y adjugeait je ne sais quoi; je dis cinquante centimes pour voir; pendant ce temps le commissaire continue : Personne ne dit mot ? c'est bien vu ?... vu ?... Adjugé ! A vous, monsieur, me dit le crieur. Eh bien ! passez l'objet, lui dis-je ? Il est dans la cour, me répond-il. J'y vais, c'était un cheval qu'on venait de m'adjuger; vous comprenez mon embarras, moi qui reste au sixième. En m'en revenant avec mon susdit, il me vint à l'idée de monter une école d'équitation sur ma terrasse, mais il m'a fallu y renoncer, car j'ai eu toutes les peines du monde à le faire monter jusqu'au premier, et l'ai logé provisoirement dans un petit *cabinet*, sur le carré, où le malheureux n'a pas toutes ses *aisances,* ni mes locataires non plus. Mais c'est ma femme, quand elle a appris cette nouvelle acquisition, qui a fait *feu des quatre pieds !* J'ai cru qu'elle allait prendre le *mors aux dents !* Je ne savais que faire pour la retenir, elle se *cabrait !* Je ne pouvais plus *broncher.* J'allais pour m'emporter à mon tour, mais elle m'a *bridé* en me disant, en termes *assez cavaliers* : *Il achète un cheval, cet âne-là !* mais c'est *bête* à manger du *foin !* Je vous prie de croire que je n'y ai pas gagné mon *avoine* et qu'elle m'a *étrillé* pour le jour et le lendemain. — (*En riant.*) Ah çà! mon cher monsieur Lecoq, il paraît que vous avez toujours du goût pour les quadrupèdes, car, si j'ai bonne mémoire, il y a quelque temps vous aviez déjà acheté un *ours*, c'est même mon coiffeur qui l'a repris pour en faire de la *pommade du Lion*. — C'est vrai, ce jour-là, ma femme en était comme un *tigre*; et je ne la comprends pas, elle qui aime tant *les animaux*; enfin, monsieur, c'est au point que lorsqu'elle sort, elle emporte son serin dans un cornet de papier pour qu'il ne s'ennuie pas à la maison. Mais, revenons à notre affaire, je compte encore sur vous pour me sortir de ce nouvel embarras. — Mais, j'y pense, j'ai pour client un nommé Ménage, qui est entrepreneur de déménagements, et qui ne ménagera rien pour m'être agréable; allez-y de ma part. Il reste rue des Messageries; il pourra loger provisoirement votre *cheval* rue des *Petites Ecuries*, où sont les siennes, et vous en débarrasser au besoin. Mais dans tout ceci, il n'y a pas matière à chicane, et j'en suis fâché, car : (*Au refrain.*)

>J'ai su tout prévoir, Dieu merci!
>Dans l'état que j'exerce.
>Si ma partie adverse,
>A moi, vient s'adresser aussi,
>>J'ai pour confrère
>>Certain compère.
>Que j'indique au pauvre client.
>Il y court, et voilà comment
>>Le malheureux
>Est pris entre deux feux.

(*Parlé.*) Et ça ne manque jamais son effet, aussi nous appelons ça les procès par excellence, ce qui fait que nous avons toujours dans nos cartons de ces affaires qui n'en finissent jamais ; aussi n'ai-je en partie acheté mon cabinet que pour une certaine succession Bonot, qui a déjà fait la fortune de deux de mes devanciers; c'est une mine d'or pour l'étude. Il est certain que du premier abord on aurait pu la terminer très-promptement, mais il s'agissait d'une somme de deux millions, et il a fallu louvoyer; maintenant il en reste encore un. On voit que c'est une affaire où mes prédécesseurs ont pris beaucoup... mais beaucoup...

d'intérêt. Pour mon compte, j'ai agi assez finement en faisant annuler tous les actes qui avaient été faits jusqu'à ce jour, et maintenant voilà de quoi faire après moi la fortune de deux ou trois acquéreurs. J'attends même en ce moment un Anglais, qui est un des principaux héritiers dans cette affaire, à qui j'écris toujours... quand j'ai besoin d'argent. Justement le voici qui sort de la caisse. Serviteur à milord Vivenbrouc. — (*Faire l'Anglais.*) How do you, seur Tubagout. — Je vois avec plaisir que vous avez reçu ma lettre, aussi, soyez le bienvenu. — Yes! je venai encore, et puis toujours, apporter à la caisse de vous des guinées que vous rendez jamais à moa. — Soyez tranquille, milord, j'espère avant peu vous en faire toucher plus que vous n'en voudrez. — Ho! si c'était le vérité, cet jour-là je devenais toute joyeuse, et moa, je voulais payer à vous un bon dîner en *Champagne*, dans le café... (*chercher à se rappeler le nom*) le café... de monsieur Torchonni. — Ah! Tortoni. — Ho yes! je disais aussi Torchonni, qui demeurait toujours, je croyais, sur le bioulevart. Ho! comment disez-vous cette chose? (*cherchant à se rappeler le nom en faisant le simulacre de mettre ses gants*) lé... lé... lé bioulevart *Mitaine*. — Boulevart de Gand. — Ho yes! (*touchant son bras pour désigner un gant long*) le bioulevart de Long Gant. — Vous savez, milord, que nous avons gagné en cassation, ainsi nous allons recommencer les frais comme de plus belle. — Ho yes! — Il est bon aussi que vous sachiez que le chargé d'affaires de notre partie adverse est déjà venu plusieurs fois me faire des (*dire avec dignité*) propositions qui ont blessé ma délicatesse. — Voyez-vous cette petite friponne. — Et sans vouloir faire ici acte de probité, je puis vous assurer que vous avez affaire à quelqu'un qui ne veut que votre *bien*. — Ho yes! je savais que vous voulez toujours le *bien de moa*. — Voilà comment je protège la veuve et sais défendre l'orphelin. — Ho! seur, protège moa si vous voulez, car j'étais aussi dans les toutes petites *orphelines*. — Vous savez que monsieur Blackfort, notre avocat, m'a fait remettre son dossier. — No! no! vous été dans le heronnement, c'est bien moa qui avais le dossier, il y a même longtemps que j'avais cette bête de chose à le maison de moa. — Eh bien! je le ferai reprendre par mon maître clerc, à qui vous voudrez bien aussi remettre une couple de mille francs qui me sont tout à fait indispensables pour recommencer les premiers frais. — Ho! goddem! je avais piou rien dans les poquettes de moa. — (*Dire gracieusement.*) Que cela ne vous tourmente pas, milord, rien ne presse, et pour vous éviter la peine de revenir, je ferai prendre le tout ce soir à six heures. — Ho! vous été trop bon! j' vous jure. — (*Regarder sa montre.*) Diable! onze heures, n'oublions pas que j'ai rendez-vous avec mademoiselle Labiche... *au bois... de Vincennes*, pour dresser les clauses de son contrat de mariage avec monsieur Lecerf, votre ami. — Ho yes! — Savez-vous bien qu'il épouse cinquante mille livres de rente, sans compter une forte portion de *bois* dont elle veut bien *l'avantager en lui passant sur la tête; je crois que monsieur Lecerf ne verra pas cette union avec dédain.* Mais maintenant je vous quitte pour aller en référé. — Vous allez avec Referé? — Non, je vais en référé. — (*Réfléchir.*) Ho yes! referé... (*comme s'il se rappelait*) je connaissais pas lui du tout. — Au revoir... Les affaires avant tout, car vous le savez :

   Je ne perds jamais un procès,
   Mes clients prônent mes succès!
    Voilà pourquoi,
    Voilà pourquoi } *bis.*
     Du palais,
    Du palais je suis roi.

ÉCRIRE FRANCO

A. HURÉ, libraire-éditeur, à PARIS
14, RUE DU PETIT-CARREAU, 14.

Seul propriétaire des chansons contenues dans l'**Album du Gai chanteur.**

(Reproduction complètement interdite.)

Paris. — Typ. Beaulé, 10, rue Jacques de Brosse.

L'AUVERGNAT
AU HAREM

SCÈNE COMIQUE

Parol. de M. CONSTANTIN. Musiq. de J. NARGEOT.

La Musique se trouve chez **A. HURÉ**, libraire-éditeur, à Paris, rue du Petit-Carreau, 14.

(*Parlé.*) Eh ! fouchtra, Françoise, ma femme, va bien rire quand je reviendrai de Constantinople !... Faut donc vous dire que Françoise, elle me tarabustait avec Pierre, le marchand de peaux de lapin, si tellement que je me suis expatria, fouchtra !... de façon qu'en arrivant ici, à Constantinople, le pacha il me dit : Escoute, mon garçon, puisque tu parles auvergnat, tu sais parler turc ; je te donne une place dans mon sérail pour garder mes femmes. — Ça va, que je dis : j'aime beaucoup les turquoises. — Oui, mais tu me jures que tu es Auvergnat ; sans ça, pas de place ! Ma foi, j'ai accepté, et voilà pourquoi maintenant...

 Je suis gardien d'un sérail du Bosphore ;
 Trente beautés me lutinent toujours !
 Sans vanité, chacune ici m'adore,
 Et l'on voudrait m'y voir finir mes jours ;
  Le pacha vers moi s'avance
  Et me dit, en faux-bourdon :
  Mon cher Auvergnat, je pense,
  Que tu peux, sans conséquence,
  Les prendre par le menton !

Album du Gai chanteur.   5e vol. 87e liv.

(*Parlé.*) Oui ; d'autant plus que le pacha il m'a dit que si je fais de l'œil à ses femmes, je serai empalé... C'est sans doute en palais royal qu'il veut dire !... On doit y être bien assis, fouchtra !... Françoise, elle sera bien contente de me voir dans cette haute position ! Eh ! fouchtra...

REFRAIN.

Par Allah ! voilà ma vie,
Je n'ai pas changé d'état;
Dans l'Auvergne ou la Turquie,
Quel bonheur (*ter*) d'être Auvergnat ! (*bis*).

Sans se gêner, devant moi chaque belle
Se met au bain et parfume ses bras;
Dans le harem, quand je m'approche d'elle
Ou que je chante, elle rit aux éclats !
   J'ai la voix limpide et claire,
   L'appétit fort peu glouton,
   Et, malgré le janissaire,
   Chaque belle, pour me plaire,
   Se rit du qu'en dira-t-on.

Parlé.) Fouchtra ! il y en a une surtout qui me reluque joliment !... elle a des yeux grands comme ceux de la bourrique à la mère Biju, des cheveux longs comme la queue de la vache au père Fougnat, et des petites dents comme les pelles du moulin à Jean-Piarre !... Fouchtra, une bien belle femme, allez !... Voilà qu'elle me dit : « Eh ! Antoine, viens ce soir dans mon boudoir; je serai seule, je veux que tu soupes avec moi; nous aurons une bonne soupe aux choux et du petit salé !... » Ma foi, ça me tente, et j'allai m'y rendre, quand j'entr'aperçois un nègre, une espèce de charbonnia, avec un grand sabre, qui m'attendait derrière la porte ! Bougrrrri !... pas de bêtises ! je mangerai son petit salé une autre fois !... Eh ! fouchtra !... (*Au refrain*)

Chaque matin mon maître à lui m'appelle:
« Tiens, me dit-il, va porter ce mouchoir;

Je veux avoir l'esclave la plus belle;
Emmène-la, l'amour l'attend ce soir. »
   L'amour? ce mot-là m'étonne!
   Mais je sais que, quant à moi,
   Je trouve moins monotone
   Le jus divin de la tonne
   Que les beautés que je voi !

(*Parlé.*) Eh! fouchtra, tout ça il ne vaut pas ma Françoise avant qu'elle me tarabuste avec Pierre, le marchand de peaux de lapin!... Aussi je m'en suis consolé avec une petite brunette que j'ai trouvée dans une armoire du grand turc !.. Elle avait la taille bien ronde, une robe verte, une petite calotte rouge, et, comme elle arrivait de la Bourgogne, je la prenais par le cou et je l'embrassais comme du pain, fouchtra !... Aussi, je me fiche pas mal des autres obélisques!... Je suis Auvergnat, moi, et je chante en dansant la bourrée :

   Par Allah! voilà ma vie,
   Je n'ai pas changé d'état;
   Dans l'Auvergne ou la Turquie,
   Quel bonheur (*ter*) d'être Auvergnat! (*bis.*)

Grisons-nous

RONDE DE TABLE

PAR PAUL DE KOCK

Air : *Gai, gai, marions-nous!*

Grisons-nous, mes amis,
   L'ivresse
  Vaut la richesse ;
Pour moi, quand je suis gris,
Je possède tout Paris.

Le vin confond tous les rangs
Et rapproche tous les âges ;
Il rend les hommes plus francs
Et les femmes moins sauvages.
  Grisons-nous, etc.

Quand on boit dès le matin,
Le soir on est tout de flamme ;
Effet merveilleux du vin,
On fait la cour à sa femme.
  Grisons-nous, etc.

Le chambertin rend joyeux,
Le nuits rend infatigable,
Le volnay rend amoureux,
Le champagne rend aimable.
  Grisons-nous, etc.

Si l'amour rit d'un barbon,
Il est une autre victoire ;
Tel est vieux près d'un tendron,
Et sera jeune pour boire !
  Grisons-nous, etc.

Le plus timide en buvant
Parle de tout à la ronde,
Au dessert le moins savant
Saura gouverner le monde.
   Grisons-nous, etc.

D'un trop fastueux banquet
La gaîté fuit l'étiquette!...
Mais elle entre au cabaret,
Elle couche à la guinguette.
   Grisons-nous, etc.

Sur l'avenir incertain
Un roi portera sa vue ;
Sans songer au lendemain,
L'ivrogne dort dans la rue.
   Grisons-nous, etc.

De bouchons faisons un tas,
Et, s'il faut avoir la goutte,
Au moins que ce ne soit pas
Pour n'avoir bu qu'une goutte.
   Grisons-nous, etc.

En faisant honneur au vin,
De Noé montrons-nous dignes,
S'il a planté le raisin,
C'est pour qu'on soit dans les vignes.
  Grisons-nous, mes amis,
    L'ivresse
   Vaut la richesse ;
 Pour moi, quand je suis gris,
Je possède tout Paris.

SI TU VOULAIS
DE MOI

ROMANCE

Paroles et musique de Maurice BADUEL.

La Musique se trouve chez A. HURÉ, libraire-éditeur, à Paris,
rue du Petit-Carreau, 14.

Charmante Éléonore,
Bel ange que j'implore !
Je donnerais pour toi   (*bis*.)
Tous les biens de la terre,
Mon âme qui m'est chère,
Si tu voulais de moi.   (*bis*.)

Si j'avais un domaine
Tu serais châtelaine ;
Reine, si j'étais roi ;   (*bis*.)
Tu régnerais sans cesse
Sur mon cœur, ma tendresse,
Si tu voulais de moi.   (*bis*)

Je ferais les délices
De tes moindres caprices ;
Bien heureux sur ma foi.   (*bis*.)
Esclave à ton envie,
Je passerais ma vie
Si tu voulais de moi.   (*bis*.)

Ta volonté suprême
Serait, ange que j'aime,
Oui, ma plus belle loi.   (*bis*.)
Ma promesse est sacrée ;
Crois-moi, ma bien-aimée,
Si tu voulais de moi.   (*bis*.)

LA FILLE
DE
PARTHENAY

CHANSON TOURANGELLE

La Musique se trouve chez A. HURÉ, libraire-éditeur, à Paris,
rue du Petit-Carreau, 14.

A Parthenay t-il y avait
　Z'une tant belle fille,
Ell' 'tait jolie et l' savait ben,
　Mais elle aimait qu'on l'i dis'.
　　Voyez-vous !
J'aime lon la, lon landerirette,
J'aime lon la, lon landérira

Ell' tait jolie et l' savait ben,
　Elle aimait qu'on l'i dise ;
Un jour son galant vint la voir,
　Puis un baiser l'i prit
　　Voyez-vous, etc.

Un jour son galant vint la voir,
　Puis un baiser l'i prise.
Prenez-en iun, prenez-en deux,
　Et passez-en vot' envie.
　　Voyez-vous, etc.

Prenez-en iun, prenez-en deux,
　Passez-en vot' envie ;
Mais quand vous m'aurez bien bigée,
　Dam ! n'allez pas leu' zy dir'.
　　Voyez-vous, etc.

Mais quand vous m'aurez bien bigée,
  N'allez pas leu' zy dire,
Car si mon père il le savait,
  Il m'en coûterait la vie.
    Voyez-vous, etc.

Car si mon père il le savait
  Il m'en coûterait la vie.
Quant à ma mère, ell' le sait ben,
  Mais elle ne fait qu'en rir'.
    Voyez-vous, etc.

Quant à ma mère, ell' le sait ben,
  Mais ell' ne fait qu'en rire :
Ell' se rappell' ce qu'ell' faisait
  Dans l' temps qu'elle était fille.
    Voyez-vous, etc.

Ell' se rappell' ce qu'ell' faisait
  Du temps qu'elle était fille.
Dam ! ell' faisait tout comm' je fais :
  C'est qu' ça l'i f'sait plaisi'.
    Voyez-vous !
J'aime lon la, lon landerirette,
J'aime lon la, lon landérira.

LES HOUZARDS DE LA GARDE

Air connu.

Toi qui connais les houzards de la garde,
Connais-tu pas l' trombonn' du régiment?
Quel air aimable quand il vous regarde!
Eh bien! ma chère, il était mon amant.
C' fut au Colisé que j' fis sa connaissance,
Qu'il était beau dessous son fourniment!
Quel air vainqueur! quelle noble prestance
En embouchant son aimable instrument!
    Toi qui connais, etc.

Le premier jour qu'il me vit en personne,
J' crus qu'il allait tomber en pamoison;
Il soupirait plus fort que son trombonne;
Moi, de pitié, j'en avais le frisson.
    Toi qui connais, etc.

Tu peux m'en croire, ô ma chère Julie,
C'était vraiment un amour de garçon;
Pour l'obliger, j'aurais donné ma vie,
J'aurais vendu jusqu'au dernier jupon.
    Toi qui connais,

Il est parti, j'attends de ses nouvelles
De Lille en Flandres, où qu'il tient garnison;
Ah! que du moins il me reste fidèle,
Ou j' suis dans l' cas de m' détruire au charbon.
    Toi qui connais, etc.

LE CURÉ DE POMPONNE

Air *connu*.

A confesse je m'en suis allé, } *bis.*
   Au curé de Pomponne.
Le plus gros péché que j'ai fait,
   C'est d'embrasser un homme.
   Ah ! il m'en souviendra,
     La, ri, ra,
   Du curé de Pomponne.

Le plus gros péché que j'ai fait, } *bis.*
   C'est d'embrasser un homme.
Ma fille, pour ce péché-là,
   Il faut aller à Rome. »
   Ah ! il m'en, etc.

« Ma fille, pour ce péché-là, } *bis.*
   Il faut aller à Rome. »
— Dites-moi, monsieur le curé,
   Y mènerai-je l'homme ?
   Ah ! il m'en, etc.

« Dites-moi, monsieur le curé, } *bis.*
   Y mènerai-je l'homme ? »
— Ah ! vous prenez goût au péché,
   Je vous entends, friponne !
   Ah ! il m'en, etc.

— Ah ! vous prenez goût au péché, } *bis.*
   Je vous entends, friponne.
Embrassez-moi cinq ou six fois,
   Et je vous le pardonne.
   Ah ! il m'en, etc.

— Embrassez-moi cinq ou six fois, } *bis.*
   Et je vous le pardonne.
— Grand merci, monsieur le curé,
   La pénitence est bonne.
   Ah ! il m'en souviendra,
     La, ri, ra,
   Du curé de Pomponne.

JEAN NICOLAS
C'EST UN M'LON
QUI N' MURIRA PAS

Air : *Calpigi,* 'ou *On dit que je suis sans malice,*
ou *Ça d'vait bien l' gêner su' l' moment.*

Jean Nicolas, l' fils à Nicole,
Au temps qu'il allait à l'école,
Son professeur disait : C' garçon
Ne sera jamais qu'un vrai m'lon ;
Mais un m'lon, sans vouloir médire,
Qui fait que, d' lui, l'on pourra dire :
Pour êtr' savant, Jean Nicolas,
C'est un m'lon qui n' mûrira pas.

Un peu plus tard, quand il eut l'âge,
On le mit en apprentissage
Chez un cordonnier, *envieux*
D'en faire un ouvrier fameux ;
C'est en vain que l' patron se flatte
D'en faire un artiste en savate :
Dans les bouts d' cuir, Jean Nicolas,
C'est un m'lon qui n' mûrira pas.

Croyant réussir à la guerre,
Un jour, il se fit militaire,
Et revint au pays natal,
Sans être seul'ment caporal.
Son instructeur, vieux dans l' service,
Disait, lui montrant l'exercice :
Sous les armes, Jean Nicolas,
C'est un m'lon qui n' mûrira pas.

Pour avoir une ménagère,
Aux belles, quand il voulut plaire,
Il tenait d' si drol's de propos,
Que tout's les filles lui tournaient l' dos.
En lui regardant sa binette,
On s' disait, en l' voyant si bête :
Pour s' faire aimer, Jean Nicolas,
C'est un m'lon qui n' mûrira pas.

Enfin, pour se mettre en ménage,
Il trouva, dans le voisinage,
Un' veuv' qui croyait, en s' mariant,
Trouver l' bonheur dans son log'ment,
Mais, hélas! ô douleur amère,
La pauvr' femme se désespère
Et dit : J' vois bien, Jean Nicolas
Est un m'lon qui n' mûrira pas.

Un jour (ce souvenir me touche),
Fallut le poser sur *sa couche*,
Et, dans *ses côtes*, jusqu'au vif,
Trancher avec un grand canif.
Il était *si vert* que tout l' monde
Murmurait ces mots à la ronde :
C'est fini, l' pauvr' Jean Nicolas
Est un m'lon qui n' mûrira pas.

J.-E. AUBRY.

ÉCRIRE FRANCO

A. HURÉ, libraire-éditeur, à PARIS
14, RUE DU PETIT-CARREAU, 14.

Seul propriétaire des chansons contenues dans l'**Album du Gai chanteur.**

(Reproduction complétement interdite.)

Paris. — Typ. Beaulé, 10, rue Jacques de Brusse.

BAGNOLET
ou
MISTIKO

PARODIE

Composée et chantée par A. BRUNET.

La musique se trouve chez A. IXURÉ, libraire-éditeur, à Paris
rue du Petit-Carreau, 14.

Je revenais de Bagnolet, (bis.)
J'ai rencontré un p'tit collet (bis.)
Qui mit la main dans ma pochette,
Et me renversa sur l'herbette ;
Mais je le mis fort bien à bas
 De son...
Mistiko, dar, dar, tiron, liron,
Clic, clac, clac, larirette et luron.
Far la rira tenta lou liron,
 Tire larigo, fricando,
Son ripopipi, ripopipi, ripopipette,
 Si vous attrapez mon refrain
 Joyeux vous êtes.

Quelquefois avec Nicolas (bis.)
Nous jouons à cach' cach' tout là-bas ; (bis.)
Quelquefois avec ce bon drille
Nous jouons aussi au jeu de quille,
Mais je le mets fort bien à bas.
 De son...
 Mistiko, etc.

L'aut' jour j'ai rencontré Louison (bis.)
Qui accompagnait ses moutons ; (bis.)

Album du Gai Chanteur.   5 vol. 88 liv.

Sans prendre garde à sa houlette
Qui la renversa sur l'herbette,
Vite accouru, je la saisis
  Par son...
 Mistiko, etc.

Après ce malheur imprévu, *(bis.)*
J'étais à peu près revenu ; *(bis.)*
Mais pensant toujours à la belle,
Et voulant lui être fidèle,
Je demandais l' consentement
  De son...
 Mistiko, etc.

A présent que je suis fixé, *(bis.)*
Je crois qu'elle voudrait m'épouser, *(bis.)*
Et vous, messieurs, dont la bonté
Veut me permettre de chanter,
Ne refusez pas à la fillette
  Tous vos...
 Mistiko, etc.

Messieurs, je voudrais chaque soir *(bis.)*
Avoir le plaisir de vous voir. *(bis.)*
Faites donc tous, je vous en prie,
Que du parterre aux galeries,
Je puisse entendre à l'unisson
  Tous vos...

Mistiko, dar, dar, tiron, liron,
Clic, clac, clac, larirette et luron,
Far la rira tenta lou liron,
 Tire larigo, fricando,
Son ripopipi, ripopipi, ripopipette,
 Si vous attrapez mon refrain
  Joyeux vous êtes.

ENFANT CHÉRI DES DAMES

RONDEAU

Chanté dans les **VISITANDINES**, opéra comique

Paroles de PICARD. Musique de GAVEAUX.

La Musique se trouve chez A. HEUGRÉ, libraire-éditeur, à Paris, rue du Petit-Carreau, 14.

Enfant chéri des dames,
Je suis en tout pays
Fort bien avec les femmes,
Mal avec les maris.

Pour charmer l'ennui de l'absence,
A vingt beautés je fais la cour.
Laissant aux sots l'ennuyeuse constance,
Je les adore tour à tour.
Pourquoi me piquer de constance
Quand je vois de nouveaux appas ?
Un nouveau goût s'éveille,
J'entends à mon oreille,
Le dieu d'amour me répéter tout bas :

Enfant chéri des dames
Sois dans tous les pays
Fort bien avec les femmes,
Mal avec les maris.

Mais le ciel me seconde
Et veut faire, je croi,
L'ami de tout le monde,
D'un homme tel que moi.
Me voici dans la France,
Tout ira pour le mieux ;
Car on aime l'aisance
Dans ce climat heureux.
Non, il n'est pas de climat plus heureux...

Car les amants des dames,
Dans ce charmant pays,
Sont bien avec les femmes,
Bien avec les maris.

L'ILE DE CYTHÈRE

CHANSON BADINE

Parol. de l'abbé de GRÉCOURT. Musiq. de GRÉTRY.

La Musique se trouve chez **A. HURÉ**, libraire-éditeur, à Paris,
rue du Petit-Carreau, 14.

C'est un charmant pays
Que l'île de Cythère :
Allons-y, mon Iris,
Tout à notre aise faire
   L'amour, l'amour } *ter.*
   La nuit et le jour.

Point de nouveaux impôts
Dans l'île de Cythère,
Sinon sur les lourdeaux
Qui ne savent pas faire
   L'amour, l'amour } *ter.*
   La nuit et le jour.

Point de nouvel édit
Dans l'île de Cythère,
La seule loi qu'on suit
N'ordonne que de faire
   L'amour, l'amour } *ter.*
   La nuit et le jour.

Point de prince ni de roi
Dans l'île de Cythère,
Demain se sera toi,
Si tu sais le mieux faire
   L'amour, l'amour } *ter.*
   La nuit et le jour.

Querelles ni procès
Dans l'île de Cythère,
Car à moitié de frais
Tous sont d'accord de faire
   L'amour, l'amour } *ter.*
   La nuit et le jour.

Point de mal ni de mort
Dans l'île de Cythère,

Sinon d'un noble effort
Qui viendrait de trop faire
  L'amour, l'amour
  La nuit et le jour. } *ter.*

Poursuite ni sergents
Dans l'île de Cythère,
Que prendre à deux amants
Qui n'ont que de quoi faire
  L'amour, l'amour
  La nuit et le jour? } *ter.*

Ni cachot ni prison
Dans l'île de Cythère,
On donne un autre nom
Aux lieux où l'on va faire
  L'amour, l'amour
  La nuit et le jour. } *ter.*

Point de sang répandu
Dans l'île de Cythère,
Qu'un peu, mais il est dû
Quand on commence à faire
  L'amour, l'amour
  La nuit et le jour. } *ter.*

Point de froid ni d'hiver
Dans l'île de Cythère,
Quand l'un est bien couvert,
L'autre s'échauffe à faire
  L'amour, l'amour
  La nuit et le jour. } *ter*

Drogues ni charlatan
Dans l'île de Cythère,
Car rien ne purge tant
Que de faire et refaire
  L'amour, l'amour
  La nuit et le jour. } *ter.*

Point d'austères leçons
Dans l'île de Cythère,
Mères et filles ont
Pareil désir de faire
  L'amour, l'amour
  La nuit et le jour. } *ter.*

LE DÉPART DU GRENADIER

La musique se trouve chez **A. HURÉ**, libraire-éditeur, à Paris, rue du Petit-Carreau, 14.

Guernadier que tu m'affliges
En m'apprenant ton départ!   (*bis.*)
Va dire à ton capitaine
Qu'il te laisse en nos cantons,
    Que j'en serai
      Bien aise,
      Contente,
      Ravie,
De t'avoir en garnison.   (*bis.*)

Ma Fanchon, sois-en bien sûre,
Je ne t'oublierai jamais,   (*bis.*)
C'est un amant qui te l' jure,
Et crois bien qu'il n'aura pas
    Le cœur assez
      Coupable,
      Barbare,
      Perfide,
D'oublier tous tes attraits.   (*bis.*)

Guernadier, puisque tu quittes
Ta Fanchon, ta bonne amie,   (*bis.*)
Tiens, voilà quatre chemises,
Cinq mouchoirs, un' pair' de bas;
    Sois-moi toujours
      Fidèle,
      Constante,
      Sincère,
Je ne t'oublierai jamais.   (*bis.*)

Ma Fanchon, ton cœur sensible
Me touche et me fait plaisir;   (*bis.*)
Quand je r'viendrai de la guerre,
Je t'offrirai, z'avec ma main,
    Mon bras, mon cœur,
      Ma vie,
      Foi d'homme,
      J' te jure,
Tu peux m' croir', puisque j' te l' dis. (*bis.*)

Musique d'Henri Blanchard

LA FILLE DE BOHEME

BOLÉRO

Paroles de Arthur LAMY. Musique de A. LAGARD.

La Musique se trouve chez A. IJURÉ, libraire-éditeur, à Paris, rue du Petit-Carreau, 14.

On peut aussi chanter ce boléro sur l'air : *Je suis muletier de Castille.*

Joyeux enfants de la montagne,
Aux pieds légers, aux cils brunis,
Venez danser dans la campagne
Aux doux refrains de mon pays. (*bis*)
Car dans ma course je promène
L'insouciance et la gaité. (*bis.*)
   Ah!
Je suis fille de la Bohème }*bis*
Et je chante la liberté.

Près de moi, belle vagabonde,
Accourent filles et garçons,
Et l'on applaudit à la ronde
Et la chanteuse et les chansons. (*bis*)
Je n'ai point de mère qui m'aime,
Mais chacun dit, dans la cité : (*bis*)
   Ah!
Voici la fille de Bohème }*bis*
Qui va chantant la liberté.

Des seigneurs épris de tendresse,
M'ont dit souvent avec émoi :
Je t'aime, viens, sois ma maîtresse,
Et mes trésors seront à toi. (*bis*)
Mais je fais fi d'un diadème
Et je réponds avec fierté : (*bis*)
   Ah!
Je suis fille de la Bohème, }*bis*
Et je chante la liberté.

LE GRAND FESTIVAL
de
M. LÉPATEUR

SCÈNE COMIQUE

Paroles et musique de

AUGUSTE BOULANGER

La Musique se trouve chez **A. HURÉ**, libraire-éditeur, à Paris,
rue du Petit-Carreau, 14.

INTRODUCTION

Oui, mon cher Belle-Oreille, vous voyez encore votre vieux camarade Lépateur; me voilà de retour de mon long voyage. — Avez-vous été heureux? — Ah! ne m'en parlez pas; je rapporte à moi seul plus de couronnes et de lauriers que n'en pourrait contenir le dôme des Invalides! — Je le vois, vous faites toujours merveille. Il paraît que la trompette de la Renommée vous avait annoncé par avance à l'étranger. — Oui, je rapporte beaucoup de gloire et pas mal d'argent. — C'est le point essentiel. — Je rapporte aussi de nouvelles symphonies dont je veux vous gratifier dans mon prochain concert, mais un concert comme vous n'en aurez pas encore entendu jusqu'à présent. Ce qui me tourmente, c'est de ne pas trouver une salle assez grande pour contenir la foule qui doit y assister, et je me vois forcé de le donner dans le Champ-de-Mars. Mes programmes circulent déjà dans l'univers; j'attends des visiteurs des quatre parties du globe. Vous voyez qu'il ne faut pas perdre la *boule*; ce sera pis que l'exposition de Londres. A l'heure qu'il est, tous les chemins de fer sont déjà en mouvement pour m'apporter des souscripteurs, car :

Je veux que mes concerts,
Par mille attraits divers,
Émerveillent le monde,
Et qu'on dise à la ronde :
Quel bonheur ! sur l'honneur,
Sur l'honneur, sur l'honneur,
   Quel bonheur
D'entendre Lépateur !
  Honneur, honneur
A monsieur Lépateur !

D'abord, je ne suis pas chiche
De promesses ; mon affiche
En fait foi du haut en bas !
Mais, comme maint protocole,
Qu'elle tienne ou non parole,
Ça ne me regarde pas.

(*Parlé.*) Dites-moi comment vous faites pour attirer constamment la foule à vos concerts. — Rien de plus simple ! L'art du concert ne gît absolument que dans l'affiche ; voilà tout le mystère ! Il s'agit d'abord de prendre le public par les yeux ; quant aux oreilles, il y a toujours moyen de leur écorcher. Tenez, voilà mon secret, et, si vous voulez en user, voilà la manière de s'en servir : D'abord, pour donner un concert, il vous faut des chanteurs ; eh bien ! vous faites annoncer dans vos premières affiches toutes les célébrités musicales. — Mais si elles ne viennent pas ? — Ceci n'est pas votre affaire. Voyez-vous, entre grands artistes, on se prête son nom pour faire mousser l'affiche, et c'est tout ; mais il n'y a jamais de concerts sans *accrocs*. Vous avez pour vous l'annonce, et voici comment elle se fait : Vous vous avancez devant le public d'un air *embarrassé*, ce qui n'est pas le plus *embarrassant* : Messieurs, je reçois à l'instant une lettre de... M. Roger, par exemple, de l'Opéra, qu'on annonce partout et qu'on ne voit nulle part ; vous dites qu'une indisposition subite l'empêche de se faire entendre, mais qu'il n'y aura rien de changé au programme, et qu'on l'a heureusement remplacé par M. Mirobolant ; puis, vous ajoutez : Nous ferons tous nos efforts pour qu'on ne s'aperçoive pas de son absence ; et, comme vous avez toujours des amis qui applaudissent, ça va tout seul ; il n'y a absolument que le public qui est indisposé. Tenez, pour donner plus de retentissement à mon concert, huit jours avant son exécution, je fais annoncer dans tous les journaux que M. Lépateur a l'honneur de prévenir le public que, ne pouvant satisfaire aux nombreuses demandes qui lui sont adressées des quatre parties du monde, son *grand festival* n'aura pas lieu au Champ-de-Mars, comme il l'avait annoncé dans de précédentes affiches, mais bien dans la plaine Saint-Denis, où il aura lieu le dimanche 27 du courant, à une heure précise, pour commencer à deux. On est, en outre, prévenu que tous les grands airs seront chantés en *plain-chant*. Tenez, voilà ce que j'annonce pour mon *grand festival*, car le point essentiel, pour un bénéficiaire, c'est de faire venir le public. S'il s'amuse, tant mieux ; le reste n'est pas votre affaire, et pourtant : (*Au refrain.*)

> Mon programme s'expédie
> En Prusse, à Vienne, en Hongrie,
> Et du Caire au Kamtschatka.
> Pour honorer cette fête,
> La Perse, même, s'apprête
> A m'envoyer son grand scha.

(*Parlé.*) Et je vous prie de croire qu'on fera *queue* pour voir ça. Ne vous figurez pas, mon cher, que mes réunions sont toujours amusantes ; non ! aussi, c'est bien pour ça que la bonne société ne me fait jamais défaut, et, pendant huit jours, il n'est question que de mon concert dans les salons ; mais, cette fois, et par extraordinaire, je veux qu'on s'y amuse. Tenez, voilà, je crois, le programme le plus extraordinaire qu'on ait jamais imaginé ; du reste, je vous en fais juge, le voici : M. Lépateur, avec le concours des hautes célébrités musicales et des premiers comiques de Paris et de la banlieue, aura l'honneur de vous donner un *grand festival*, dans lequel vous entendrez, dans la première partie, M. Sauvage, qui tapera sur la grosse caisse son grand air des *Soupirs de la vallée* avec de nouvelles *batteries*, morceau des plus bruyants. Fantaisies sur le *Mirliton*, exécutée par *Pelure d'oignons*, composée par *Devises*. Les *Rêveries du Chameau*, mélodie sur le tam tam, exécutée par M. Pinson, premier prix du Conservatoire, qui a la *bosse* de cet instrument ; ça vous paraît *bête*, et pourtant c'est plein d'esprit et de la plus haute difficulté. Improvisation de guimbarde sur un mot donné, avec de nouvelles variations sur l'air : *Je me brûle l'œil au fond d'un puits*, exécutée par M. Fiferlain, ex-concierge de l'Académie, qui a eu l'honneur d'obtenir pour cela le *cordon de la grande porte... ottomane*. Vous comprenez qu'avec des artistes semblables je parsème mon concert *d'étoiles ;* il devient des plus *brillants ;* et le nom de madame Dorus Gras... *double* l'attrait de ma matinée musicale, et le soir viendra sans qu'on y pense. Et, pour la fin de la première partie, avalanche et pluie de fleurs ; c'est d'un effet charmant pour ceux qui n'en reçoivent pas, aussi : (*Au refrain.*)

> J'aurai trois mille choristes,
> Dix-huit cents instrumentistes,
> Et pour éclairage, enfin,
> Je détruis l'effet magique
> De la lumière électrique
> Par la lune dans son plein.

(*Parlé.*) On y verra comme en plein *soleil*. Je ne prétends pas par là vous faire voir des *étoiles* en plein *midi*, non ! mais quand viendra la nuit je veux vous faire entendre mon concert sous un nouveau jour. Deuxième partie, bouffe : *Les Canards l'ont bien passée*, *scène* entièrement inédite, imitée de Séraphin, jouée par deux *oies* qui feront *signe* d'un style un peu *empoulé ;* paroles et musique de M. Dindonneau, auteur avantageusement connu par plusieurs ouvrages en portefeuille, et qui désire garder l'anonyme pour celui-ci. *Le Départ des cloches*, nouvelle *sourdine* en faux-*bourdon*, tiré du *carillon* de Dunkerque ; intermède de *timbre* fêlé, exécuté à grande *volée* par le *sonneur* de Saint-Paul. M. Laplomb imitera, avec accompagnement de piano, le chant de la grenouille et autres animaux de basse-cour, ce qui est du meilleur goût ; vous l'avez entendu à mon dernier concert. — Parfaitement. — Dites-moi si j'en approche dans ces imitations? Je commence par *La Grenouille au bain*, épisode *marécageux*, nouvelle musique imitative (*imiter le cri de la grenouille*); *Le Lever de l'Aurore* (*faire le chant du coq*); *La Poule adorant le soleil* (*faire le chant de la poule*); *Les Dernières paroles de deux habitants du quai de la Vallée* (*faire le dinde*). Vous le voyez, je fais la bête au naturel. Vous pensez bien qu'on n'a pas obtenu le premier prix de fugue et de contre-point pour rien. — Je vous en fais mon compliment. — Je continue mon programme par *Non! non! non! non! non! vous n'irez plus au nanan*, grande valse de bonheur, exécutée par tous les plus ou moins comiques de Paris. *La Fricassée ganache*, polka à grand orchestre, exécutée avec hochement de tête par les premiers instrumentistes inconnus jusqu'à ce jour. On finira par : *Fait à fait*, ou *J'emporte la recette, pantalonnade* à toutes *jambes;* M. Lépateur remplira le principal rôle. C'est dans cette petite pièce qu'il aura l'honneur de vous *faire voir le tour...* d'un habit de marin, fait tout en coquillages et d'un seul morceau; travail qui a coûté à l'auteur quarante-cinq ans de sa jeunesse. On est prié de se munir de longues-vues pour apercevoir ce chef-d'œuvre qui devient invisible à l'œil nu. Puis, arrive le prix des places, c'est ce qui en fait le *prix* : Premières, **25 fr.**; deuxièmes, **15 fr.** et **10 fr.** pour monter sur les arbres. J'avais l'idée de faire payer 5 fr. pour lire l'affiche, et ça valait bien ça, mais on m'en a détourné en me faisant observer que cela demanderait trop de surveillance. On se procure des billets à l'avance chez M. Lépateur, rue du Grand-Hurleur, 4, et à tous les bureaux de chemins de fer de Paris et de l'étranger. *Nota Benêt :* M. Petin nous prie d'annoncer qu'il mettra son ballon à la disposition du grand scha de Perse pour le reconduire immédiatement dans son pays; et une fois en Perse, M. Petin espère y faire *percer* son nouveau système de navigation aérienne. Le grand *scha* est prévenu d'avance qu'il n'y a pas le moindre danger pour lui; quand même il ferait une chute, il retomberait toujours sur ses pieds. Enfin, ça sera charmant, et je veux que chacun répète en sortant :

> Oui, ces brillants concerts
> Par mille attraits divers,
> Émerveillent le monde
> Et font dire à la ronde :
> Quel bonheur, quel bonheur,
> Sur l'honneur, sur l'honneur
>   Quel bonheur
> D'entendre Lépateur !
>   Honneur, honneur
> A monsieur Lépateur !

JADIS

CHANSONNETTE

Paroles de M. PIQUET. Musique de J. BERNET.

La Musique se trouve chez **A. HURÉ**, libraire-éditeur, à Paris,
rue du Petit-Carreau, 14.

Jadis j'aimais une fillette,
Belle comme le plus beau jour;
Nous avions choisi la coudrette
Pour notre rendez-vous d'amour.
Que de fois sous le vert feuillage,
Livrant nos cœurs aux doux loisirs,
Nous chantions, ivres de plaisirs,
Ce refrain si cher au jeune âge :
    Ah! ah! ah! ah! (*bis.*)
    Premières amours,
    Voilà les beaux jours.
    Ah! ah! ah! ah! (*bis.*)
    Premières amours,
    Voilà les beaux jours.

Comme je la trouvais charmante
A sa fenêtre le matin
Œil lutin, bouche souriante,
Et sa peau blanche de satin,

Album du Gai chanteur.   89ᵉ liv.

Dans ses cheveux, brillantes tresses,
Oh! que j'aimais passer la main,
Et sur ses lèvres de carmin
Prendre d'amoureuses caresses.
    Ah! ah! ah! ah! *(bis)*
    Premières amours,
    Voilà les beaux jours.
    Ah! ah! ah! ah! *(bis.)*
    Premières amours,
    Voilà les beaux jours.

Avec elle, toujours la danse
Mettait le comble à mon bonheur.
Ma valse guidait sa cadence
A la musique de son cœur.
Le mien, de ces notes gentilles
A gardé l'écho souverain,
Comme jadis ce doux refrain
Marque mes pas dans les quadrilles.
    Ah! ah! ah! ah! *(bis.)*
    Premières amours,
    Voilà les beaux jours.
    Ah! ah! ah! ah! *(bis.)*
    Premières amours,
    Voilà les beaux jours.

LES
MOINES DE SAINT BERNARDIN

Nous sommes des moines
De saint Bernardin,
Qui se couchent tard
Et se lèvent matin,
Pour aller à matines
Vider leur flacon ;
Voilà qu'est bon, bon, bon !
Ah ! voilà la vie,
La vie suivie,
Ah ! voilà la vie
Que les moines font !

A notre déjeuner,
Du bon chocolat,
Et du bon café
Que l'on nomme moka,
La fine andouillette,
La tranche de jambon...
Voilà qu'est bon, bon, bon !
Ah ! voilà la vie, etc.

A notre dîner,
Un bon chapon gras
Qui trempe la soupe
Comme au mardi-gras,
Lapins de garenne
Sentant la venaison.
Voilà qu'est bon, bon, bon !
Ah ! voilà la vie, etc.

A notre goûter,
De petits oiseaux
Que l'on nomme cailles,
Bécasses et perdreaux ;
La tarte sucrée,
Les marrons de Lyon,
Voilà qu'est bon, bon, bon !
Ah ! voilà la vie,
La vie suivie,
Ah ! voilà la vie
Que les moines font !

LACHES-TU C'T OSSE

MOT POPULAIRE

Air : *Tarlurette, ma tante Urlurette.*

Je demandais un refrain
Pour mes couplets, quand, soudain,
J'entends ce mot qui m'exauce :
   Lach's-tu c't osse, (*bis.*)
Voyons, *lach's-tu c't osse.*

Lach's-tu c't osse est de bon goût ;
Dans le grand monde et partout
On n'entends plus que c' pathos :
   Lach's-tu c't osse, etc.

Hier, un chien me mordait ;
Moi qui n'ai pas de mollet,
J' lui dis, relevant ma chausse :
   Lach's-tu c't osse, etc.

Jetant au feu son bonnet,
L'aut' jour ma femme prétendait
Enjamber le haut-de-chausse :
   Lach's-tu c't osse, etc.

D'une cot'lette d'Adam,
Dieu fit la femme en soufflant ;
Ça n' valait pas qu'on l' désosse :
   Lach's-tu c't osse, etc.

Un banquier près de faillir
M' dit : Il faut, pour t'enrichir,
Jouer la baisse et la hausse :
   Lach's-tu c't osse, etc.

V'là deux ans qu' pour Tahiti,
Un beau jour je suis parti ;
J'e reviens, ma femme est grosse !
   Lach's-tu c't osse, etc.

A l'Europe, désormais,
La Franc' veut donner la paix.
Zouaves, ça vous déchausse :
   Lach's-tu c't osse, etc.

Lorsqu' Héloïse entendit
L' cri d'Abeilard, ell' se dit :
Ciel ! mon amant qu'on désosse !...
   Lach's-tu c't osse, etc.

Si pour passer l'Achéron
Faut encor payer Caron,
J' dirai : Laisse-moi dans ma fosse,
   Lach's-tu c't osse, etc.

Afin de vous endormir,
Je voulais ne pas finir :
Mais j' n'ai plus de rime en osse,
   J' lache c't osse, (*bis*)
Ma foi j' lache c't osse.

LE PILOTE SUR LA MER DE PAPHOS

Air *connu*.

Un jour, heureux pilote,
Sur la mer de Paphos,
Avec ma galiote,
J'allais au gré des flots.
L'Amour et le Zéphire
Conduisaient mon navire
Dans ce charmant pays.
A peine nous vogâmes,
Qu'aussitôt nous mouillâmes
Dans l'île de Cypris. (*bis*.)

Aux colonnes d'Hercule
Je voulus naviguer ;
Mais mon vaisseau recule,
Je ne puis m'embarquer.
Dans ce maudit passage,
Toujours rempli d'orage,
Qu'on nomme le détroit,
On fait toujours naufrage,
Malgré tout l'équipage,
Si l'on n'enfile droit. (*bis*.)

Je vis le pays more
Dès le commencement ;
Je passai le Bosphore
Fort cavalièrement.
Sous la zone torride,
Je me trouvai sans guide
Entre deux matelots ;
Perdant la trémontane,
Je dansai la pavane
Tout au milieu des flots. (*bis*.)

Expert en pilotage,
Je me remets en mer ;
Je tends mâts et cordage,
Et commence à voguer.
Je fis si bon voyage,
Qu'au milieu de l'orage
L'on me vit revenir
Dessous la même toile
Qui me servit de voile
Lorsqu'on me vit partir. (*bis*.

LE SUISSE

SCÈNE COMIQUE

PAR ÉMILE DEBRAUX

Air du *Carnaval* de Béranger.

Eh! bonjour donc, mon bauvre Frédérique;
Y a bien longtemps que je te avre vu.
Depuis qu' t'es loin de notre répiblique,
Je savre pas c' que toi être d'venu.
Sur mon parol' ton drogue être fermeille;
Mais cepentant t'as pas la front sirein.

Ah! mon ger, figire-toi que j'avre eu l' malheur de perdre mon grand' fille Vilelmine, qu'il été si pien pelle, à caus' d'un' tout petit' garçonne qu'elle avre fait avec le fils à M. Fistentcherche; et depuis c't' époque-là, mon ger, je avre plis de gaîté, je avre plis de santé, je avre plis faim, je avre plis soif, je avre plis...

Allons, garzon, aborté un b'tit pouteille;
La pauvre Suisse il avre tant d' chacrin! (*ter.*)
Pour dissiber la noir' mélancolie,
Pour plis penser à c' qui faisait tant d' mal,
Hier, mon ger, je avre eu l'envie
D'aller m' brom'ner dans la Balais-Royal.
Mais le touleur, qui rarement sommeille,
Me boursuivait tout la long d' la chimin.

J'arrive enfin dans la Balais-Royal, et je m' bromène. Quand j' fis pien las de m' brom'ner, je entre chez ein marchand de vin-traiter qui donnait à poire

et à mangir, pourvi qu' ça fît touchours vort pien
ger. Je demante cin botage, il était pien pon ; je
r'temante cin s'cond, encor meiller; je t'mande cin
troisième, je l' manche, et puis je m' dis comme
cela : Je suis pas venu ici pour mancher touchurs
des botages, y faut tâcher de trouver quequ' chos'
qui réveill' un peu le appétit à moi... Je t'mande
cin petit pigeonne; il a été pien tentre, je l' manche ;
je t'mande cin s'cond, je l' manche engor ; je t'mante
cin petite poulette, je l' manche ; je r'temante cin
petit' lapine, je l' manche ; je r'temante un petit
maquereau... Ah ! mon ger, je avre pas eu l' courage de mancher la petit' maquereau, parce que
j'avais touchours mon fonds de chacrin, touchours,
touchours mon fonds d' chacrin.

    Allons, garzon, encor, etc.

Voyant enfin que le pauvre mâjoire
Y voulait bas remplir son fonction,
Ein demi-tass', tis-je, que je vais poire
A mon chacrin p't-êtr' f'ra distraction;
Ein p'tit demi-tasse y réchanffe, y réveille.
Ah! moi sentir que je avre pesoin.

Je entre dans ein petit' cavé qu'il été assez cran-
tement pelle, et je dis : Garzon, ein demi-tasse. Il
apporte lé demi-tasse... pien jaude ; je l' pois, et
je r'temante cin second... engor plis délicieux. Je
continue par le demi-tasse... et je temante ein toute
petite bol de ponje à la rume... *terteiffe men got!*
pien excellent. Je r'temante ein s'cond... Ah!... et
bourtant je avre pas eu l' courage te t'mander un
troisième parce que j'avais touchours mon fonds
d' chacrin, touchours, touchours mon fonds d' chacrin.

    Allons, garzon, engor, etc.

Voyant que moi il être inconsolable,
De la cavé je sortis tout à goup;
Et pour jazer le touleur qui m'accaple,
Dans la Balais je m' sauve à l'autre pout;
V'là que j' rencontre un fille sans bareille,
Qui m' regonnait pour être sa cousin.

Je avais pas peaucoup dans l'esprit d'la mémoire comment il pouvait être ma cousin ; mais quand on a tant d'chacrin, on ouplic facilement. Je suis la petite dans sa logement qui été vort pien pelle... Il offre à mancher un morceau à moi ; par gomplaisance, je accepte ; et puis tout à goup il ôte son grand fichi. Je l' trouve charmante, et je t'mante un paiser. Il dit qu'il veut bien ; je prends l' paiser ; je le trouve pien pon ; je prends un second ; et puis je r'gommence, je r'gommence... Je savre pas au chiste compien je avre r'gommencé d' fois, mais j' suis bien sûr que j'aurais r'gommencé pien tavantage si j'avais pas eu touchours mon fonds d' chacrin, touchours, touchours mon fonds de chacrin.

   Allons, garzon, engor, etc.

Voyant gombien le toulcur était vorte,
Je bris l' parti de aller couchir moi ;
Mais bas di tout, je me trompir de porte,
Gez la voisin' je avre entré tout droit.
C'te voisin'-là, tis-je, il est pas trop vieille :
Je reste avec, tanpis pour le voisin.

Je m' couche ; y s' réveille et s' met à bleirer... J' dis bleirez pas, montame ; c'été une pauvre la Suisse qui avre pertu son fille. A c' mot d' fille, y s' met à bleirer encor plis fort. Attends, tis-je, je savre l' moyen d'empêcher d' bleirer toi. Je essaie le moyen ; y blaire plis bas ; je r'gommence le moyen, y bleire engor plis bas, et puis engor plis bas, plis pas, et touchours de plis bas en plis bas ; mais y bleirait encor un peu... Ah ! tis-je alors, sans doute que c'te pauvre femme il être comme moi ; il avre pertu quequ' fille aussi, car elle avre touchours son fonds d' chacrin, touchours, touchours son fonds d' chacrin.

   Allons, garzon, engor, etc.

Là-d'sis, mon ger, bar des raisons macheures
Je dournais l' tos et je ronvlai bien vort ;

Mais je bus pas dormir plis de touze heures,
Tant la chacrin il été vort engor !
C'est maindenant tans l'œil et le oreille
Que la touleur y veut fair' ti pouzin.

Et mêm' dans c' moment-ci que j' parle à toi, mon ger, c'te polizon d' chacrin y fait éprouver à moi des fertigo, des vrémissements, que j' suis pien sir qu'il m'arriv'ra quequ' malheur... Et le fait est, que moi, qui vous conte ça tout bonnement, et qui me trouvais par l'occasion d' la circonstance, chez M. Mélange, marchand de vin, rue... (avec cette seule différence que je ne buvais qu'un demi-setier de trois sous et demi, par économie forcée, tandis que ces messieurs s'fourraient dans le gosier du vin à trente sous la bouteille), v'là que j' vois mon homme qui file sous la table. J' m'approche, craignant qu'il ne se fût démoli quelqu' chose ; pas du tout : c'était tout bonnement son fonds de chagrin qui l'emportait sur son courage ; car en s'endormant il marmotait encore :

Allons, garzon, engor un b'tit pouteille ;
La pauvre Suisse, il avre tant d' chacrin. *(ter)*

L'ERMITE ET LE PALADIN

BALLADE

« Holà! qui frappe? — Un noble paladin
» Qui, sur sa route, assailli par l'orage,
» S'en va mourir de fatigue et de faim
    » Si vous n'ouvrez votre ermitage.
    » Sous votre toit hospitalier
    » Lui refuserez-vous un gîte?
    » — Vous serez mal chez un ermite,   } bis.
    » Excusez-moi, preux chevalier.

» A ce foyer, allumé par bonheur,
» De votre cœur ranimez la faiblesse.
» — Vous avez faim, mais, hélas! monseigneur,
    » Que puis-je offrir à Votre Altesse?
    » Un pauvre père à son foyer
    » N'eut jamais ni pot ni marmite;
    » Vous serez mal chez un ermite,
    » Excusez-moi, preux chevalier.

» Un pain grossier est mon seul aliment;
» Mais d'un grand saint c'était hier la fête :
» Pour la chômer j'ai fait expressément
    » Cuire la moitié de ma quête.
    » Ah! c'est bien peu pour un guerrier
    » De votre rang, de votre mérite!
    » Vous serez mal chez un ermite,
    » Excusez-moi, preux chevalier. »

Au même instant, sur le noyer poli,
L'homme de Dieu pose un coq de bruyère,
Un pâté froid, à moitié démoli,
    Puis une truite encore entière.
    « Peste! dit le noble guerrier,
    » Quel festin pour un cénobite!
    » — Vous vous moquez d'un pauvre ermite,
    » Excusez-moi, preux chevalier.

» — Non, par ma foi, tous ces mets sont exquis,
» Je m'y connais; mais dites-moi, mon père,

» Quand vous fêtez les saints du paradis,
» Ne buvez-vous que de l'eau claire ?
» — Seigneur, d'avoir certain cellier
» Qu'en ce jour je me félicite !
» Mais, hélas ! c'est du vin d'ermite,
» Excusez-moi, preux chevalier. »

L'ermite appelle, et, tenant un flacon,
Soudain paraît la gentille Gertrude.
« Eh quoi ! mon père, un pareil compagnon
» Embellit votre solitude ?
» — Ah ! je sens bien qu'un bachelier
» Lui trouverait peu de mérite,
» Mais c'est assez pour un ermite,
» Excusez-moi, preux chevalier. »

ÉCRIRE FRANCO

A. HURÉ, libraire-éditeur, à PARIS
14, RUE DU PETIT-CARREAU, 14.

Maison spéciale pour toutes les Publications en Musique petit format, à 20, 25, 40, 50 et 60 centimes net

Commissions pour la province

Éditeur de la collection populaire

LES SUCCÈS

Cette collection renferme le choix le plus varié de Romances, Chansons, Chansonnettes, Scènes comiques et Duos. **525** livraisons sont en vente.

PRIX DE LA LIVRAISON : **20 cent.**, RENDUE FRANCO

Le Catalogue de cette collection sera adressé *franco* aux personnes qui en feront la demande par lettre affranchie.

MARGOT LA PARISIENNE

PARODIE DE *MARCO*

Paroles de Joseph ARNAUD
Chantée par l'auteur.

Air de la *Ronde aux pièces d'or*.

Margot, tu dois être fière
De ta bell' vill' de Paris!
Car du faubourg Poissonnière
T'es la plus chouette souris.
Aimes-tu les Tuileries,
Le Louvre et l' Palais-Royal,
Du Français les tragédies,
De Saint-Martin le canal,
Des Gob'lins les tapiss'ries,
Ou le café Cardinal?
    Ah! non! ah! non!...
  Margot, qu'aimes-tu donc?...
Tu préfèr's la Madeleine,
Excepté son repentir;
La casern' du Prince-Eugène,
Où t'y trouves du plaisir...
    Drin, drin, etc.
T'aim's le passage du Désir...
    Drin, drin, etc.
Et l's avantag's du nouveau tir.

Aimes-tu l'hôtel de ville,
L' Panthéon, le Luxembourg?
Aimes-tu le bal Mabille,
Où l' dindon trouv' son vautour;

Album du Gai chauteur.   5ᵉ vol. 90ᵉ liv.

Le palais de l'Industrie,
L' boulevard des Italiens,
La tour Saint-Jacqu's la Bouch'rie,
Ou l' Grand Café Parisien ;
La Maison Doré', ma mie,
Que tu t' pay's, si t'as l' moyen?
  Ah ! non ! ah! non !...
 Margot, qu'aimes-tu donc?
Quoi ! c'est ni le café Riche,
Ni le Casino dansant;
C'est-y l' Mazarin, ma biche,
L' Château-Rouge ou l' Pré-Cat'lan ?
  Drin, drin, etc.
Ah! c'est peut-êtr' le bal Dourlan...
  Drin, drin, etc.
L' Dix-Neuvièm' Siècle ou l' Lapin Blanc

Aimes-tu la colonn' Vendôme
Ou bien celle de Juillet ;
L' champ de Mars ou l'Hippodrome,
Ou la plac' du Châtelet ;
Louis quatorz', plac' des Victoires,
Henri quatre ou l' Château-d'Eau,
Ou du pain d'épic' la foire
Ou l' bal du lac Saint-Fargeau ?
J' crois que t'aim's l'Observatoire
De la Banque et d' ses lingots !
  Oh ! oui ! oh ! oui !
 Je l' savais bien aussi !
C'est la bours' qui te contente,
Grand' min' des chiffons, bijoux...
Qu'au clou tu mets chez ta tante,
Quand t'es roide et sans le sou !...
  Drin, drin, etc.
Alors le Temple est de ton goût...
  Drin, drin, etc.
Quand t'aurais tari le Pérou.

Aim's-tu l' pont Neuf, Saint-Sulpice,
L' passag' des Panoramas ?
Aim's-tu l' palais de justice,
La Roquette ou bien Mazas,
Saint'-Pélagi', Saint-Lazare,
Ou tes victimes à Clichy,
Qu'est l'entrepôt de leurs Lares,
Moins succulent que Bercy.

Ces lieux s'ront vid's, si tu t' pares
D' la ceinture de Cluny!...
    Ah! non! ah! non!
Mais écoute-moi donc!...
Des boul'vards, d' la ru' Vivienne,
Et de la Chaussé'-d'Antin,
Tu t' fais Russe, Américaine,
S'lon la langu' de ton gandin.
    Drin, drin, etc.
Les langu's, chez toi, sont sans fin...
    Drin, drin, etc.
Tu connais mêm' l' quartier Latin.

Aim's-tu la point' Saint-Eustache
Ou l' boul'vart Sébastopol?
Boul'vard du Crime on s' t'arrache,
Vers Barthél'my tu prends l' vol.
Aim's-tu l'Opéra-Comique,
Ou bien la port' Saint-Denis,
L'Ambigu, l' Théâtre-Lyrique,
Notre-Dame et son parvis?
L' macadam donn' la colique
Et les trois sous t' font soucis...
    Oh! oui! oh! oui!...
    Et je l' sais bien aussi!...
Quoi! ce n'est ni la Bastille,
L'arc d' l'Étoil', l' mont Valérien,
Les butt's Montmartr', la Courtille
Ou la porte Saint-Martin?
    Drin, drin, etc.
C'est-y l' faubourg Saint-Germain...
    Drin, drin, etc.,
Ou bien encor les Quinze-Vingts?

Aimes-tu les Funambules,
Le Gymnase ou l'Odéon,
Des boul'vards les véhicules,
Ou l' cirque Napoléon;
L' Déjazet et le Vaud'ville,
Longchamps ou les Italiens,
Lazary, l' Cirque et Bell'ville,
Ou les Dîners Parisiens;
Les passag's Choiseul, Joinville,
Les Bouffes ou les p'tits chiens?
    Ah! non! ah! non!
Margot, qu'aimes-tu donc?...

Les Foli's, la Salpêtrière,
Les barrièr's et la Gaîté ?
C'est-y l'Ecol' militaire ?
Je sais qu' t'aim's les Variétés...
    Drin, drin, etc ,
Toi qui pratiqu' la charité,
    Drin, drin, etc.,
L'uniforme c'est ta santé.

Aim's-tu le Jardin des Plantes,
L's Invalid's et ses grognards,
L'Opéra que tu fréquentes,
Les quais et les boulevarts ?
Aimes-tu le Val-de-Grâce,
La fontaine Saint-Michel,
Ou des Hall's la populace,
Ou la plac' du Carrousel ?
Méfi'-toi de Mont-Parnasse,
Des étudiants le scapel !
    Oh ! oui ! oh ! oui !...
    Ça m' gên'rait aussi !...
L'Institut t' mettrait à l'aise
Si tu voulais un fauteuil;
Tu s'rais mieux au Pèr' Lachaise
Qu'à flâner ru' Montorgueil...
    Drin, drin, etc.
Ru' d' Rivoli tu fais de l'œil...
    Drin, drin, etc.
Car d' la plac' Maub' t'as fait ton deuil.

Aimes-tu l' bois de Boulogne,
La fontain' des Innocents...
Non pas ceux qu' ta griffe rogne...
Ou l' théâtr' des Délass'ments ?
Allons, ne fais pas ta tête
Si tu hant's l' Château des Fleurs:
Les parfums de la Villette
Avaient bien plus de saveurs
Que la rose et la violette
Pour tes nerfs et tes vapeurs.
    Ah ! non ! ah ! non !...
    Margot, qu'aimes-tu donc ?...
Le Vieux Chêne ou la Boul' Blanche,
La Closeri' des Lilas,
Quand le chahut te démanche
Tes grand's flûtes et tes bras ?...

Drin, drin, etc.
J' t'ai vu, quand tu prends tes ébats,
Drin, drin, etc.
Perdre tes mollets et tes bas!

Aim's-tu les Champs-Élysés,
L'obélisque de Louqsor,
Enfin tous les beaux Musées
Ou les bons sur le Trésor?
Aim's-tu la fontain' Molière,
Ou l' passage du Saumon,
Sculpté d'un' chouette manière
Par le fameux Jean Goujon?
Préfèr's-tu Lariboysière,
Bicêtre ou bien Charenton?
Ah! non! ah! non!
Margot, qu'aimes-tu donc?
Quoi! ni la plac' d' la Concorde,
L'office de la mèr' Cadet
Ni le coucher à la corde,
Le picton de l'ex-Paul Niquet?
Drin, drin, etc.
Tu préfèr's peut-être Richet!
Drin, drin, etc.
Dont le fond est très-grassouillet.

Aimes-tu bien la galette
Et les prun's de la mèr' Moreau,
Le hasard de la fourchette,
Les brioch's ou le coco?
Aimes-tu, bell' fille d'Ève,
L'Eldorado, l' bal Musard,
La Montagn' Saint'-Geneviève,
La Râpée et l' pont des Arts?
Aimes-tu la rue aux Fèves
Ou bien l' quartier Mouff'tard?
Ah! non! ah! non!..
Margot, qu'aimes-tu donc?
Quoi! ni la ru' Traversine,
Ni celle de Richelieu,
La belle ru' de Lourcine,
Ni celle des Filles-Dieu?..
Drin, drin, etc.
Après tout, c'est p'ut-êtr' l'Hôtel-Dieu,
Drin, drin, etc.,
Ou l's abattoirs, fais-en l'aveu!

LE
GONDOLIER FIDÈLE

BARCAROLLE

Paroles de A. LAMY. Musique de J. BERNET.

La Musique se trouve chez **A. IKURÉ**, libraire-éditeur, à Paris,
rue du Petit-Carreau, 14.

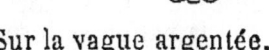

Sur la vague argentée,
Dans sa barque agitée,
Le gondolier Piétro,
Fendant la brise folle,
Chantait sa barcarolle
Que répétait l'écho.
   Ah! ah! ah!
Légère nacelle,
Vogue, vogue toujours;
Tout dort, la nuit est belle,
Vogue vers mes amours.
  Ah! ah! ah! ah! ah!
Vogue vers mes amours.
    Ah! ah!
Vogue vers mes amours.

Vogue dans la nuit close,
C'est l'heure où tout repose;
Mais pour les amoureux,
Déjà l'étoile brille,
Et de là-haut scintille
Comme un regard des cieux.
   Ah! ah! ah! etc.

Voyez sur l'onde unie,
C'est demain que Marie
M'accepte pour époux.
Entends à la tourelle
Sonner, ma toute belle,
L'heure du rendez-vous.
   Ah! ah! ah! etc.

HYMNE
AUX FAUCHEURS POLONAIS

Paroles de E. RAYNAL. Musique de L. VAQUETTE.

La Musique se trouve chez A. HEURLÉ, libraire-éditeur, à Paris,
rue du Petit-Carreau, 14.

Qu'entends-je au loin? Un peuple se réveille,
Et l'oppresseur l'égorge de nouveau.
Des nations la justice sommeille.
Ce peuple va redescendre au tombeau!
Non, gloire à Dieu! la nation se lève
Pour conquérir un sol ensanglanté;
Mille héros font de la faux un glaive,
Un glaive! un glaive pour la liberté! (*bis.*)

Ils ont crié: La Pologne est meurtrie!
Nos ennemis cruels ont tout souillé!
A moissonner les champs de la patrie,
Entre nos mains si ce fer s'est rouillé,
Aiguisons-le! Plus de paix ni de trêve:
Que l'ennemi tombe décapité
Sous le tranchant de la faux, notre glaive!
Le glaive! le glaive de la liberté! (*bis.*)

Des légions dévastent nos campagnes,
Semant partout la désolation;
En vrais lions défendons nos montagnes,
Sauvons nos biens, la foi, la nation!
Voyez là-bas!... un nuage s'élève...
C'est l'escadron du Cosaque indompté.
Hourrah! faucheurs, brandissons notre glaive,
Le glaive! le glaive de la liberté! (*bis.*)

Dieu te bénit, Pologne, terre sainte!
Dieu n'aime pas le joug de l'étranger...
Et ce sang pur dont ta poussière est teinte
Nous crie à tous de venir te venger!
L'aigle viendra s'il le faut, et ton rêve
S'accomplira, le ciel l'a décrété.
Et vous, faucheurs, brandissez votre glaive!
Le glaive! le glaive de la liberté! (*bis.*)

LE
RETOUR DE PIERRE

ROMANCE

Pour aller venger la patrie,
Jeune encor, j'ai quitté les champs;
Au silence de la prairie
A succédé le bruit des camps.
Plus d'une fois pendant la guerre,
Songeant au bonheur du hameau,
Je regrettais mon vieux père,   } bis
Ma chaumière et mon troupeau. }

Du serment de servir la France,
Vingt blessures m'ont dégagé;
Mais j'emporte pour récompense
La croix d'honneur et mon congé.
Loin du tumulte et de la guerre,
Je vivrai paisible au hameau;
Je reverrai mon vieux père,   } bis
Ma chaumière et mon troupeau. }

Braves soldats, mes frères d'armes,
Dont j'ai toujours suivi les pas,
Dans vos succès, dans vos alarmes,
Compagnons, ne m'oubliez pas;
Recevez les adieux de Pierre,
Demain il retourne au hameau,
Revoir encor son vieux père,   } bis
Sa chaumière et son troupeau.   }

Si vers les rives de la France,
L'étranger marchait en vainqueur,
Le noble élan de la vaillance
Soudain ferait battre mon cœur.
Avec ardeur on verrait Pierre,
Pour porter au loin son drapeau,
Quitter encor son vieux père,   } bis
Sa chaumière et son troupeau. }

LES ESPRITS

CHANSON

Par **PAUL DE KOCK**

Air : *Quand les bœufs vont deux à deux.*

Dût-on rire de moi,
Je l'avoûrai de bonne foi,
Souvent je me suis surpris
A regretter les esprits.

Dans le temps de la magie,
Des sorciers de la férie,
Par un fortuné destin,
A minuit, dans sa chambrette,
On pouvait sur sa couchette
Trouver un petit lutin.
  Dût-on rire de moi, etc.

On était inexorable
Pour tous les suppôts du diable,
Et souvent on en brûla ;
Mais depuis qu'on les délaisse,
Depuis qu'en paix on les laisse,
Les sorciers nous laissent là !...
  Dût-on rire de moi, etc.

Chez cette vieille comtesse,
Jadis on avait sans cesse
Quelques esprits sur ses pas ;
Maintenant, dans sa demeure
On se promène à toute heure,
Et l'on n'en rencontre pas !
  Dût-on rire de moi, etc.

Mourir et puis apparaître,
Dans le plancher disparaître,
C'etait jadis notre lot ;

Maintenant, quand on expire,
On ne revient pas nous dire
Seulement un petit mot.
　Dût-on rire de moi, etc.

Le soir, aller à la cave,
Annonçait quelqu'un de brave :
Cela faisait grand honneur.
Maintenant, il faut qu'on aille
Sous le feu de la mitraille
Prouver que l'on a du cœur.
　Dût-on rire de moi, etc.

Sous un aspect olivâtre,
Un seul fantôme au théâtre
Faisait courir tout Paris ;
Mais on a changé de mode,
Nos auteurs trouvent commode
De ne plus montrer d'esprits.
　Dût-on rire de moi, etc.

Un revenant secourable
Nous disait : « Là, sous le sable,
Cherche, un trésor t'appartient. »
Mais, hélas ! argent, sagesse,
Constance, beauté, jeunesse,
Aujourd'hui, rien ne revient.
　Dût-on rire de moi, etc.

Que j'aille à la comédie,
Ou même à l'Académie,
Entendre un discours fort beau ;
D'un détracteur de Voltaire
Que je lise un commentaire,
Je répète de nouveau :
　Dût-on rire de moi,
Je l'avoûrai de bonne foi,
　Souvent je me suis surpris
　A regretter les esprits.

LE COTILLON

Paroles de BRAZIER.

La Musique se trouve chez **A. HURÉ**, libraire-éditeur, à Paris, rue du Petit-Carreau, 14.

Ah! cotillon, cotillon, cotillon,
Tu régneras sans cesse,
Oui, devant toi, cotillon, cotillon,
Tout baisse pavillon.

Nul ne peut savoir
Si son pouvoir
Est un mystère,
Mais on obéit
Au cotillon qui vous séduit;
Le cotillon peut
Tout ce qu'il veut,
Et, sur la terre,
Il commande en roi
Et fit souvent broncher la loi!
Ah! cotillon, etc.

Voyez Soliman,
Ce fier sultan,
Il a cent femmes,
Que dans son sérail
Il traite comme un vil bétail;
Un soir, dans un coin,
Il vit de loin,
Parmi ces dames,
Un nez retroussé,
Soudain l'empire est renversé!
Ah! cotillon, etc.

Le roi Charles sept
Qui nous laissait
Dans la souffrance,
Comme il s'endormait
Près de la beauté qu'il aimait;
Un cotillon vient
Qui se souvient
Du roi de France,
Et de tout côté
L'Anglais s'enfuit épouvanté!
Ah! cotillon, etc.

Ce Henri le Grand
En conquérant
Paris rebelle,
A su des ligueurs
Braver le fer et les rigueurs;
Mais du bon Sully,
Souvent l'ami
Le plus fidèle,
Allait chez Michau
Prendre des ordres de Cateau!
Ah! cotillon, etc.

Voyez le grand roi
Saisi d'effroi
Quand La Vallière,
De lui se sauvant,
Va se renfermer au couvent;
Tout est employé,
Douce pitié,
Larmes, prière...
Et le tendre objet
Fait d'un roi son premier sujet.
Ah! cotillon, etc.

En vain nous rions
Des cotillons,
Ils font merveille :
Chez Ninon l'Enclos
Que de chefs-d'œuvre sont éclos;
C'est là qu'on fêtait,
Qu'on écoutait
Le grand Corneille,
Molière y lisait,
Et Voltaire enfant s'y glissait.
Ah! cotillon, etc.

Que d'échantillons
De cotillons,
L'amour nous livre,
Cotillon de cour,
Cotillon long, cotillon court;
En bure, en velours,
Il faut toujours,
Toujours les suivre,
Et même en haillons,
Respect encor aux cotillons!
Ah! cotillon, etc.

Paris, **A. HURÉ,** libraire-éditeur, rue du Petit-Carreau, 14, seul éditeur des chansons contenues dans ce recueil.

Paris. — Imp. BEAULÉ, rue Jacques de Brosse, 10.

UN BAPTÊME AUVERGNAT

SCÈNE COMIQUE

Paroles de J. ARNAUD. Musique de H. VANNIER.

La Musique se trouve chez A. IHURÉ, libraire-éditeur, à Paris, rue du Petit-Carreau, 14.

REFRAIN

Fouchtri, fouchtra, (bis)
 A ch't' heure, je chuis père,
Tralala déri déra déraire ;
 A ch't' heure, je chuis père,
 Tralala déri déra
 Nous chomm's t'y j'amuja :
 Nous j'avons baptija,
 Trala ridé ration la,
 Mon piquit j'auvergnat (bis)
 Trala ridé ration la.

D'abord, j'à la mairie,
Nous j'avons déclara
Ches noms et cha patrie,
Et l'âg' qu'il a déjà ;
Ainchi chon baptistère,
Quoiqu'il choit j'en franchais,
Attechte que son père
L'a fait tout à ches frais.

 Et je n'ai rien négligé, fouchtrrri ! Nous lui j'y avons mis dix noms et un prénom : Jean-Pierre-Bruno-Thomas-Blaije-Bonifache-Marchel-Bajile-Lechien-Sylvesse et Chatouillac. Nous chommes allés avec Chimon Landouille et Polycarpe Languille dépoja entre les mains du mochieu qui couche les j'enfants sur le livre de l'état-chivil... qu'il a, qui m'a demanda : Ch'est vous le père ? — Eh fouchtrrri ! cha che voit bien ; je chuis Benoit Chatouillac. — Quelle profeschion ? — Scieur de bois. — Êtes-vous Franchais ? — Non, bougri ! je

Album du Gai chanteur.   5ᵉ vol. 91ᵉ liv.

chuis j'Auvergnat, fouchtrrra! — J'entends : mais est-che que vous j'êtes de l'endroit? — Eh bougri! je ne chuis pas de l'envers! — Et la mère? — Franchoije Lepiquet, chavounière. — Le parrain? — Marchel Chicoulac, faijeur de pharmachie. — La marraine? – Chophie Lennuyé, commichionneuje... Alors Languille et Landouille, ils j'ont dépojé leurs patarufes comme *ciens* de bois, et tout cha est allé pour le mieux... (*Au refrain.*)

    Compère j'et commère,
    Rentrés j'à la maijon,
    Avons fait bonne chère,
    Fait chanter le bouchon
    A plus d'une bouteille;
    Nous j'avons dit bonchoir,
    Un' noche chans pareille
    Que ch'était riche à voir.

Nous j'avons commencha d'abord par les complimentachions et les j'embrachades, que cha fejait plaijir à voir, fouchtrrri!... Tout le monde che lavait les joues et che recurait la frimouche, comme chi chétait des cacheroles de cuivre... Pour moi, j'avais jugé ma chalive pour quinze jours, et j'étais chi content que je recommencha chur la marraine, que ch'est j'une gaillarde qui est poitrinaire tant que cha. (*Faisant beaucoup de volume avec ses mains.*) Bougri!... Et, dans mon contentement, je l'y ai fourré mon nez dans chon z'yeux. — Ah! qu'a ch'est récriée. compère, fouchtrrri! vous voulez donc me crever ma prunelle? — Ah! j'en cherais déjolé, que j'y ai dit; et, le cas étant, je ne pourrais pas vous la remplacha... vu que je n'en ai point, moi, de prunelles; comme je chuis un mâle, che chont des pruneaux... Ah! ah! ah! et nous j'avons ri... Ah! ah! ah! (*Au refrain.*)

    Puis toute l'achemblée
    Arriva j'au déchert,
    Ch'est écria d'emblée
    Qu'il fallait fair' conchert.
    Ah! che fut là le charme :
    Chacun fejait sa voix,
    Voulait dans che vacarme
    Chanter tous j'à la fois.

Et ch'est la marraine qu'a j'eu l'honneur de commencha... Elle vous j'a envouya la romanche de la *Mauve et Craintive*, que ch'était chuperbe ; et puis lou parrain, M. Marchel Chicoulac, lou pharmachien, nous j'a fait j'un dischcours très-j'instruit chur la médechine, qu'il était en verch de poëterie en lapin, mais dans le cochu. Voichi à peu près che qu'il nous ja cheringua. (*Il tousse, se mouche et déclame en faisant des gestes excentriques.*)

Cher compère et chère commère,
Toute la compagnie entière...
Je.. vous fait j'ichi compliment... hum !
De chet heureux j'enfantement... hum !
Morliez-vous bien de l'humide
Et... de la fièvre ophicléïde...
Je chuis le parrain de l'enfant,
Et ch'il a béjoin de... l'onguent...
Ma main j'est toute à chon cherviche :
Vous voyez que je chuis pois-chiche... hum !
Mon cœur.. il est j'un vrai chirop !
Qui... me fait j'aller un peu trop...
Car la vie est... j'une.. tijane
   (*Embarrassé.*)
Et la mort... est.. j'une chicane... hum !
Entaratus est... et mortus,
Ch'est la fin... de tout omnibus...
Devorum... par le vermifuge... hum !
  (*De plus en plus embarrassé.*)
Puis... un purgatif.. le déluge...
Buvum et mangum bon vinus...
Viverum pendant cent anus...

Et nous j'avons j'applaudi que je croyais que les mains j'allaient che travercha. Landouille che trémouchait de joie : il me lanche chon chapeau dechus ma frimouche, moi je lui renvoye chur chon nez un morceau de chauchiche qui reschtait dans mon achiette. Languille, par farche, il envoye chon soulier chur la table, qui renverche lou chandelier, et nous che chommes tousch trépigna, père et mère, en ch'envouyant des coups de poings et ch'arrachant les cheveux, que ch'était j'un beurre. Mais le plus farche, ch'est que la marraine, qui voulait nous ralluma, avija un paquet d'allumettes pour alluma une chauchiche, croyant que ch'était la chandelle... Ah ! ah ! ah ! (*Au refrain.*)

MA COUSINE

Air : *Ah! ça, Casimir.*

Vous étiez, ma cousine,
Bien gentille à seize ans :
Vive, espiègle, mutine,
Fleur éclose au printemps.
En faut-il davantage
Pour qu'un tendre cousin,
A cette douce image,
Songe soir et matin?
  Hélas! Maria,
Vous m'avez planté là!
Maria, Maria,
Vous m'avez planté là!

Je les ai désirées
L'hiver, au coin du feu,
Nos charmantes soirées,
A la table de jeu.
Près de votre grand'mère,
Gardant son sérieux,
Nous avions su nous faire
Une existence à deux.
  Hélas! Maria, etc.

Que vous aimiez à rire!
Et vous rappelez-vous
La grande tire-lire
Où nous serrions nos sous?
Nos châteaux en Espagne,
Bâtis sur notre gain;
Nos rêves de cocagne,
Notre châlet d'Enghien?
  Hélas! Maria, etc.

Parfois, capricieuse,
Vous quittiez le loto,

Et vous couriez, joyeuse,
A votre piano.
Cruelle souvenance
Qui ne m'épargne rien,
Car j'entends la romance
Que vous chantiez si bien.
  Hélas! Maria, etc.

Vous veniez, empressée,
M'attendre jusqu'au seuil,
Guettant mon arrivée
Ah! le charmant accueil.
Mais un jour ma présence
A paru vous gêner :
Ma plus chère espérance
Allait donc s'envoler.
  Hélas! Maria, etc.

Brisez la tire-lire,
Cousine; à l'indigent
Qui, grelottant, soupire,
Donnez tout votre argent.
Un autre a su vous plaire;
Il a riche maison,
Il est propriétaire :
Excellente raison.
  Pour qui, Maria,
Vous m'avez planté là!
Maria, Maria,
Vous m'avez planté là!
        E. PRUDHOMMEAUX.

DANS TOUT IL FAUT AVOIR DU NEZ

CHANSONNETTE

Paroles d'É. DURAFOUR. Musique de M. JANDARD.

La Musique se trouve chez **A. IKELGREL**, libraire-éditeur, à Paris, rue du Petit-Carreau, 14.

On a chanté toutes les choses :
Les bois, les vallons, les coteaux,
Les pâquerettes et les roses,
Les bergères et leurs troupeaux.
Le pathétique m'incommode,
Ne soyez donc pas étonnés,
Si, pour changer un peu de mode, } *bis.*
Je vais ici parler du nez.

Joyeux enfants de la Folie,
Comme a dit un proverbe ancien,
Sachez profiter de la vie ;
La gaîté, voilà notre bien.
Las d'être heureux, vous entrez en ménage,
Puis celle que vous adorez,
Six mois après le mariage, } *bis.*
Vous mène par le bout du nez.

Un soir, la semaine dernière,
Chez moi je suis rentré pochard ;
Sans clef, sans la moindre lumière,
Je cherchais ma chambre au hasard.
J'ouvre une porte, ah ! quelle chance !
J'allais dormir, vous devinez,
Dans un lieu dépourvu d'essence, } *bis.*
Si je n'avais pas eu de nez.

N'importe dans quelle entreprise,
Sans nez on ne réussit pas.
C'est avec le nez que l'on prise
Beaucoup de choses ici-bas ;
Cette habitude est peu choisie,
Sans peine vous en conviendrez ;
Maintenant, c'est une manie, } *bis.*
Partout on veut mettre son nez.

Pointus sont les nez romantique,
L'ivrogne a le nez rubicond,
Les camards sont philosophique,
Les gros expriment la raison.
Mais des nez pour finir l'histoire,
Messieurs, si vous m'applaudissez,
L'auteur, heureux de sa victoire, } *bis.*
Ne fera pas un pied de nez.

QUATRE HOMMES ET UN AUVERGNAT

Air : *Quatre hommes et un caporal.*

L'autre soir, à la barrière, } *bis.*
Quatre homm's un peu décousus,
Deux devant, deux par derrière,
Marchaient légèr'ment émus ;
L' premier dit : J' tombe d' faiblesse,
L' second : J'ai des étouff'ments ;
— Moi, c'est mon soulier qui m' blesse ;
L'autr' s'écrie : Ah ! quel chien d' temps !
Pour faire oublier tout ça,
Si nous prenions un p'tit verre ?
Ah ! qu'est-c' qui régalera
D'un' goutte à la ba, à la ba, ba,
Ah ! qu'est-c' qui régalera
D'un' goutte à la barrière ?

L'honorable compagnie, } *bis.*
Murmurant à chaque pas,
Trouvait que lorsqu'on s'ennuie
La prom'nade est sans appas.
L' moins grand dit : Je m' fais d' la bile,
Je m' fouille en vain, j' n'ai plus l' sou.
— Pour nous l' total est facile,
Nous n' possédons rien du tout.
Le plus farceur ajouta :
— Pour moi, l'or est une chimère.
Ah ! qu'est-c' qui régalera
D'un' goutte à la ba, à la ba, ba,
Ah ! qu'est-c' qui régalera
D'un' goutte à la barrière ?

En attendant la pratique, } *bis.*
Un charbonnier très-épais
Fumait près de sa boutique,
Pour s' maint'nir le gosier frais.
L'un des quatre dit : Foi d' Pigoche,
C't auvergnat-là m' plaît beaucoup ;
S'il a d' l'argent dans sa poche,
Il nous paiera bien un coup...
Bel homme ! eh ! comment qu' ça va ?
Avec nous v'nez vous distraire.
Mais qu'est-c' qui régalera
D'un' goutte à la ba, à la ba, ba,
Mais qu'est c' qui régalera
D'un' goutte à la barrière ?

Flatté d' passer pour un homme, ⎫
L'auvergnat, d' bonheur surpris, ⎬ *bis.*
S'écria : Nom d'une pomme !
J' veux vous traiter jen pays;
Allons tous ja la mujette,
Chez le père Chamaillou,
Pour faire chanter l'achiette
Et boire tout notre chou ;
Vous me direz chi ch'est cha,
Ch' traiter d' la belle manière !
Ch'est moi qui régalera
 D'un' goutte à la ba, à la ba, ba,
 Ch'est moi qui régalera
  D'un' goutte à la barrière.

 On arrive à la guinguette ⎫
 Où l'auvergnat aussitôt ⎬ *bis.*
 Commande à trois francs par tête
 Un r'pas des plus comme il faut :
 — Qu'on nous fasse une gib'lotte
 A chen lécher le talon;
 Pour déchert, cha ravigotte,
 Une omelette au jambon;
 Puis, pour qu'à notre echtomac
 La nourriture choit légère,
 Chacun che régalera
D'un' goutte à la ba, à la ba, ba,
 Chacun che régalera
  D'une goutte à la barrière.

 Ils y seraient bien encore, ⎫
 Mais l' maître d' l'établiss'ment, ⎬ *bis.*
 Aimant voir lever l'aurore,
 Fermait à minuit sonnant.
 L'auvergnat, quoique invincible,
 Sortit presque trébuchant;
 Les autr's, ayant l' cœur sensible,
 Pleuraient tous d'attendriss'ment.
 A c' moment du ciel tomba
 De l'eau d' quoi faire une rivière...
 Gratis chacun s' régala
D'un' goutte à la ba, à la ba, ba,
 Gratis chacun s' régala
  D'un' goutte à la barrière.
     Maurice PATEZ.

LE PARFAIT
SECRÉTAIRE

Air : *Lison dormait dans un bocage.*

Comme la plupart des notaires,
Je fus scribe longtemps aussi,
Mais la perle des secrétaires,
Ce n'était pas moi, Dieu merci !
On l'a récemment découverte ;
Le grand saint Pierre eut cet honneur :
C'est un danseur, un beau danseur,
René Jasmin, dit *sot-alerte ;*
C'est un danseur, un beau danseur,
Mon digne et charmant successeur.

Très-déplacé dans un quadrille
Et tenant peu du céladon,
Je ne sais pas filer un trille,
La bouche en cœur, dans un salon.
A tous ces brillants exercices
Jasmin se livre avec bonheur :
C'est un danseur, un beau danseur,
Un chanteur qui fait nos délices ;
C'est un danseur, un beau danseur,
Au regard tendre et séducteur.

Faut-il au whist un quatrième,
Un partenaire au domino ?
Hélas ! je ne saurais pas même
Remplacer le chien Munito.
L'heureux mortel qui me succède,
En tout mon maître, est fin joueur ;
C'est un danseur, un beau danseur,
Du tapis vert grand amateur ;
C'est un danseur, un beau danseur,
. . . .

Envers moi, la nature avare
M'a refusé barbe au menton ;

Jamais à ma bouche un cigare
Ne marque un homme du bon ton.
Je suis envieux des moustaches
De Jasmin, l'élégant sapeur :
C'est un danseur, un beau danseur,
Un soleil splendide et sans taches ;
C'est un danseur, un beau danseur,
Buveur, fumeur, cracheur, tousseur.

Mon système du sien diffère,
Car j'aime tout à simplifier,
Et Jasmin, pour la moindre affaire,
Forge un volumineux dossier.
Ses rapports, longs de trente pages,
N'ont jamais trouvé de lecteur :
C'est un danseur, un beau danseur ;
Qu'il eût été bien dans les pages !
C'est un danseur, un beau danseur ;
Fi des bureaux pour un grand cœur !

Agir avec indépendance
Et n'avoir pour l'homme en crédit
Ni soins ni lâche complaisance
Fut mon seul tort, il me perdit.
Tout miel pour les gens de la ville,
Jasmin a la blouse en horreur ;
C'est un danseur, un beau danseur,
Méprisant la tourbe servile ;
C'est un danseur, un beau danseur,
Un coq perché sur la hauteur.

Du chrétien cherchez-vous, mes frères,
En France, un modèle accompli ?
Ne fouillez pas les monastères
Où de Jésus tout est rempli ;
Au sein du monde et de ses fêtes,
Jasmin a gardé sa ferveur :
C'est un danseur, un beau danseur ;
Pour le ciel faisant des conquêtes ;
C'est un danseur, un beau danseur,
Des mécréants rude censeur.

Eloi RIMICY.

ENLEVÉ, LE BALLON !

Air : *Turlututu, rengaine.*

Enfant d' la Folie,
Au bruit d' ses grelots,
De cett' triste vie
Je chasse les maux.
D' Pierrot digne élève,
Comm' lui, sans façon,
Comm' lui, gai luron,
Pon patapon, j'enlève, (*quater.*)
J'enlève le ballon !

Maint célibataire,
Fier de ses houris,
S' croit sur la terre
Mieux qu'en paradis.
Dissipant son rêve,
A ce céladon,
A ce vieux barbon,
Pon patapon, j'enlève, etc.

Dans ma pauvr' chambrette
L'autr' jour un filou
Prenait ma toilette
Pour la mettre au clou.
Avant qu'il achève
Sa piètre moisson,
A ce cornichon,
Pon patapon, j'enlève, etc

Brocanteur indigne
Qui nous vends du bleu,
Du vrai jus d' la vigne
Verse donc un peu ;
A c' trafic fais trêve,
Laiss' là ton poison,
Mon vieux, ou sinon,
Pon patapon, j' t'enlève, etc.

Quand chez toi, ma Lise,
Epicier, boucher,
Vient d' ta marchandise
Sous en mains chercher,
Que le poids s'élève
Avec précision,
Ou bien, pour leçon,
Pon patapon, j' t'enlève, etc.

Hier, un peu pompette,
Je rentre au logis,
Madame tempête
Et jett' les hauts cris :
Ma répons' fut brève,
Sans rim' ni raison ;
De c' diable en jupon,
Pon patapon, j'enlève, etc.

Dans une embuscade
Tombé-je aussitôt,
Leste à la parade,
Je tap' comme il faut.
Sans repos ni trêve,
A chaque larron,
Jouant du chausson,
Pon patapon, j'enlève, (*quater.*)
J'enlève le ballon !

GAILLARD.

ÉCRIRE FRANCO

A. HURÉ, libraire-éditeur, à PARIS
14, RUE DU PETIT-CARREAU, 14.

Seul propriétaire des chansons contenues dans l'Album du Gai chanteur.

(Reproduction complétement interdite.)

Paris. — Typ. I: Brosse.

LES
COMMANDEMENTS
DE LA BASOCHE

> Que la vie est amère
> Pour un clerc de notaire !
> Il pourrait si bien faire
> Un bon propriétaire !
> *(La Basochade, Chant II, Liv. V.)*

Voyez ce petit clerc, de libertine allure,
Qui de notre bonté dépasse la mesure ;
Amis, n'êtes-vous point indignés comme moi
De voir ce garnement n'avoir ni dieu ni loi ?
Sur son postérieur, en guise de calottes,
Nous usons trop souvent la pointe de nos bottes,
Notre dignité veut que, par des règlements,
Nous apportions un frein à ses dérèglements.

COMMANDEMENTS

I

Le patron tu respecteras
Et tous les clercs également.
Aucun d'eux tu n'embêteras,
Sous peine de renfoncement ;
Mais à tous tu obéiras
Subito, sans raisonnement.
Jamais point ne regimberas
Contre leur saint commandement.
Devant eux tu t'inclineras,
Comme un Chinois, servilement.
A ta place tu te tiendras,
Sans en bouger, tranquillement.

Album du Gai chanteur.   5ᵉ vol 92ᵉ liv.

Les jambes tu n'allongeras,
En aucun cas, effrontément.
De chaussettes tu changeras,
Pour permettre l'approchement.
Tous les clients tu recevras
Toujours nu-chef et gravement;
Quand le salut tu leur feras,
Que ce soit fait chicardement.
Jusqu'à terre tu courberas
Ton corps triangulairement.
A l'étude tu rentreras
Toujours à l'heure exactement,
Sinon du patron recevras
Ton galop, rigoureusement;
Et quand tu recommenceras
Plus de trois fois, insolemment,
Mis à la porte tu seras
Sans tambour, très-certainement.
La paresse n'écouteras,
Mais bûcheras incessamment.
Ton orthographe soigneras
En copiant exactement.
Points ni virgules n'oubliras
Ni mentions d enregistrement.
Jamais tu ne marmotteras
Des actes, en les transcrivant,
Chaque mot que tu copiras,
En les récitant lentement,
Comme aussi tu ne parleras
Qu'après un interrogement.
Les sabliers tu surveilleras,
Pour les remplir complètement.
Les encriers tu garniras,
En t'y prenant adroitement.
Papier timbré ne voleras
Ni timbres-poste aucunement;
Plumes du voisin ne prendras
Ni ses crayons pareillement.
Doigts dans le nez ne te mettras
Ni dans la bouche, également.
Jamais de craques ne diras
Ni de canards, aucunement.
Toutes les blagues entendras
En les croyant parfaitement.

A tes doigts encre ne mettras
Que si ne peux faire autrement,
Mais aussitôt les lécheras,
Pour leur servir de lavement.
Ces préceptes observeras,
A l'intérieur, exactement,
Et l'étude tu garderas
En cerbère, férocement.

II

Actes faire signer iras
Sans t'amuser, aucunement;
Dans le carnet les fermeras,
En les portant soigneusement.
Chez les collègues entreras
En te présentant poliment,
Et poudre sur l'encre mettras
Après chaque paraphement,
Et puis tu te retireras
En faisant tes remerciments;
De là tu te présenteras
Au bureau d'enregistrement,
Où les actes déposeras
Au profit du gouvernement.
Au tribunal chercher iras
Le paraphe du président,
Par-dessus le marché prendras
La griffe du greffier Mathian;
Aux hypothèques porteras
Divers papiers également.
Par ce moyen assureras
De tout prêteur le placement;
Enfin les courses tu feras
En te conduisant sagement;
Puis à l'étude rentreras
Où sont d'autres délassements.
Le déjeuner quérir iras
Sans en tâter, aucunement;
Toujours chaud tu l'apporteras
Sur tes doigts, délicatement;
Les biftecks tu regarderas
Et côtelettes mêmement;
Tentation n'écouteras
En aucun cas, résolument,

Mais ton appétit garderas
Pour un plus propice moment.
Les carcasses tu rongeras
Si tu t'es conduit gentîment ;
Les cinq doigts tu te lècheras
Et le pouce parfaitement ;
Le vin du flacon tu boiras,
S'il n'est pas bu complètement,
Et pour dîner tu garderas
Toute la miche entièrement.
Souvent ton déjeuner feras
Par cœur et très-rapidement,
Et de l'eau claire tu boiras
Pour le digérer lentement.
Les quatre temps tu jeûneras
Et tous les jours pareillement ;
En carême chair ne verras,
En carnaval fort rarement :
Aussi moins faire ne pourras
Que de vivre très-saintement.
Les yeux toujours tu baisseras
Vers la terre timidement,
Quand dans l'étude tu verras
Jeune minois frais et charmant.
Le regard tu n'arrêteras
Sur le sexe, complaisamment,
Que lorsque tu remarqueras
Qu'il ne lui reste plus de dent,
Car le danger que tu courras
Sera moins grand, évidemment ;
Quand toutefois séduit seras
Par l'âge, irrésistiblement,
Amende honorable feras
En l'avouant publiquement.
Jamais pipe ne fumeras
En cachette ou publiquement,
Et pour cigare tu n'auras
Autre chose qu'un cure-dent.
Boxeur point ne te montreras
Des pieds, des poings ou autrement.
A tes collègues ne feras
Ni plaie ou bosse, injustement ;
Jamais tu ne leur pocheras
Ce qui fait voir le firmament.

Jusqu'à vingt ans basocheras
En suivant bien ce règlement,
Sic, du saute-ruisseau seras
Le parfait accomplissement.

CONCLUSION

Quand à ces lois pris goût auras,
Après mûr réfléchissement,
Cette carrière tu suivras
Si tu ne peux faire autrement,
Et ce qui t'attend tu sauras
Par ce qui suit, parfaitement :
Le métier tu continueras
Sans beaucoup plus d'appointements ;
De temps en temps tu changeras
De patron, sans plus d'agréments,
Et jamais plus gras ne seras
Qu'au jour de ton commencement.
Sur le timbre tu pâliras
Sans défiance, aucunement ;
Timbré toi-même deviendras,
Mais non par le gouvernement.

A. LAGARD.

A Madame MARIA LUCE.

LE DEVIN DES CŒURS

ARIETTE

Paroles de Marc CONSTANTIN. Mus. de J. JAVELOT.

La Musique se trouve chez **A. HURÉ**, libraire-éditeur, à Paris, rue du Petit-Carreau, 14.

Approchez-vous, brune gentille,
Levez les yeux, ouvrez la main ;
Dans ces lignes je vois, ma fille,
Que vous rêvez un tendre hymen. (bis.)
Et vous, blonde au joyeux sourire,
Fillettes aux fraîches couleurs,
C'est l'amour que je vais prédire, } bis.
Car je suis le devin des cœurs.

Mais voici Rose qui s'avance,
C'est la plus sage du pays ;
Mon enfant, ayez confiance
Dans le sort que je vous prédis. (bis.)
Vous désirez une couronne
Au milieu des plus grands seigneurs ;
Un roi dira : Je te la donne ! } bis.
Car je suis le devin des cœurs.

Rose, en effet, fit la conquête
D'un jeune et brillant inconnu,
Qui, le jour même de la fête,
Dans le canton était venu. (bis.)
Bientôt à la cour il l'emmène,
Et, sous des couronnes de fleurs,
Le roi voulut qu'elle fût reine. } bis.
Il avait deviné son cœur.

LE TRÉPAS DE CRINOLINE

GRRRRANDE COMPLAINTE

Paroles de A. JOLY. Musique de E. BERNHARDT.

La musique se trouve chez A. HURÉ, libraire-éditeur, à Paris,
rue du Petit-Carreau, 14.

Ayez tous l'âme chagrine,
Vous allez verser des pleurs !
Car je chante les douleurs
De la belle *Crinoline*,
Qui, la veille de Longchamp,
Est trépassée en *bouffant*.

La Mode, un jour, mit au monde
Un enfant gros et poli,
Assez laid, mais bien nourri ;
On vint le voir à la ronde.
Il jouait dans son berceau
Au *volant*, comme au *cerceau*.

Crinoline bien portée
Au grand soleil tous les jours,
Sous la soie et le velours,
Grandit, grandit, abritée.
Tout bas on se demandait
Jusqu'où sa taille croîtrait.

Un fils de haute famille,
Echalas de Grand-Bâton,
Captiva par son bon ton
Le cœur de la pauvre fille.
Crinoline et l'*Echalas*
Furent unis sans débats.

Chacun fêta ce beau couple,
Vrai modèle des époux.
Echalas n'était pas doux,
Mais *Crinoline* était souple.
Pourtant parfois, le matin,
On la trouvait comme un *crin*.

Crinoline devint mère
D'innombrables rejetons;
On vit de petits jupons
Marchant toujours par derrière :
C'étaient tous les fils de *Cri-
Noline* et de son mari.

Mais *Echalas*, le volage,
Modèle des séducteurs,
Délaissa *la belle en pleurs*.
Ce n'était pas *encor sage !*
Pour *la jupe à tube d'air*
Et *le jupon tout en fer*.

Crinoline chiffonnée
Conta tout à sa maman.
La Mode dit : *Quel cancan
Pour une fille bien née !
Tu ne mourras pas pour ça.*
Et la Mode la quitta.

Ah ! se dit la pauvre épouse,
*Je vois qu'il faut en finir.
Bonsoir ! je vas me périr,
Puisque je suis dans la blouse !*
Et, se pendant par le cou,
On vit *Crinoline au clou*..

Morale et conclusion déchirante.

Oui, sa place est dans *le Temple*...
De la gloire... On l'y verra.
Petits enfants, que cela
Vous serve toujours d'exemple :
Qui trop gonfle et veut gonfler
Finit toujours par... craquer !

ÇA N' PÈSE PAS UNE ONCE

Nescio quid meditans nugarum...

Air: *Mon père était pot.*

Je connais plus d'un faux Caton
  Qui vante l'abstinence,
Et, devant nous, du plus haut ton,
  Prêche la continence !...
    Croit-il, le cafard,
    Tromper tout regard ?
  Riant de sa semonce,
    Il boit comme un trou,
    Court le guilledou...
  Ça n' pèse pas une once !

Admirez donc nos élégants :
  Col droit et fine taille,
En peau de chien ils ont des gants,
  Et pince-nez d'écaille !
    Ah ! qu'il est joli,
    Amoureux, poli,
  Mon Arthur, mon Alphonse !
    Mais dès qu'il lui faut
    Prouver ce qu'il vaut...
  Ça n' pèse pas une once !

Margot n'est pas une vertu
  A l'âme pastorale ;
Elle lance un turlututu
  Au nez de la morale !...
    Pourtant, si l'on fait
    Sonner le gousset,
  Son brun sourcil se fronce !...
    Mais qu'un bon vivant
    Lui dise : En avant !
  Ça n' pèse pas une once !

— Le baptême m'a fait chrétien :
   Que mon sort s'accomplisse !
Au malheureux je fais du bien,
   Sans y chercher malice !
      Est-il protestant,
      Juif, mahométan ?...
   Qu'importe la réponse !
      Il me tend la main,
      Donnons-lui du pain...
   Ça n' pèse pas une once !

Prolétaires, c'est parmi vous
   Que l'humanité brille :
« Le voisin meurt, prenons chez nous
   » Son garçon ou sa fille !...
      » Ce n'est, au surplus,
      » Qu'un enfant de plus ;
   » Au vin blanc je renonce !
      » Ma femme, ils seront
      » Six marmots, tout rond !...
   Ça n' pèse pas une once !

L'ouvrier réclame ses droits.
   Citoyen sous la blouse,
Il n'aime pas trop les bourgeois
   D'humeur vaine et jalouse !...
      Mais, le soir, aux cris
      D'un monsieur surpris,
   Qu'un escarpe défonce,
      Des poings il jouera,
      Le bourgeois... fuira !
   Ça n' pèse pas une once !

Le Français est un animal
   D'esprit assez facile ;
Mais, voisins, l'on se trouve mal
   D'échauffer notre bile !
      Et de l'étranger
      Faut-il se venger,
   En deux temps on l'enfonce !
      Aux bras les fusils,
      Aux cœurs les périls,
   Ça n' pèse pas une once !

Eugène AUDRAY-DESHORTIES.

LES
EFFETS DU CHAMPAGNE

Air : *Pan, pan, pan, la poudre prend*

A Falaise, où fut mon berceau,
Je m'abreuvais de cidre et d'eau,
Car on ignore, en Normandie,
Ce refrain qui charme la vie :
    Pan, pan, pan,
     La mousse aidant,
Le bouchon saute en frémissant.

Malgré de paternels avis,
A vingt ans je cours à Paris.
Au Château-Rouge où l'on m'entraîne,
L'écho redit à perdre haleine :
    Pan, pan, pan, etc.

— Fusille-t-on quelqu'un par là?
Dis-je à l'aimable Paméla.
— Nigaud, c'est le bruit du champagne
Que chacun offre à sa compagne.
    Pan, pan, pan, etc.

Un cabinet particulier
Nous offre un toit hospitalier ;
Guidé par mon adroite biche,
J'ordonne un souper fin et riche.
    Pan, pan, pan, etc.

Je goûte enfin cette liqueur
Et je sens déborder mon cœur.
Dans d'affreux excès je me plonge,
Gobant du vin comme une éponge.
    Pan, pan, pan, etc.

Paméla des yeux m'agaçait,
Puis des deux mains me repoussait ;
Je n'eus pas même une caresse,
Pas un baiser de la drôlesse.
    Pan, pan, pan, etc.

Tant de liquide s'écoula
Que, croyant saisir Paméla,
J'embrassai le pied de la table,
En chantant d'un ton lamentable :
 Pan, pan, pan, etc.

Ma bourse entière ayant sauté,
Fille et montre avaient déserté,
Quand le garçon qui me réveille
Tout bas fredonne à mon oreille :
 Pan, pan, pan, etc.

Dès ce moment, je dis adieu
Pour jamais à tout mauvais lieu,
Et cependant je suis fort aise
De pouvoir chanter à Falaise :
 Pan, pan, pan, etc.

ÉLOI RIMICY.

ÉCRIRE FRANCO

A. HURÉ, libraire-éditeur, à Paris

14, RUE DU PETIT-CARREAU, 14.

Maison spéciale pour toutes les Publications en Musique petit format, à **20, 25, 40, 50** et **60** centimes net

Commissions pour la province

Éditeur de la collection populaire

LES SUCCÈS

Cette collection renferme le choix le plus varié de Romances, Chansons, Chansonnettes, Scènes comiques et Duos. **525** livraisons sont en vente.

PRIX DE LA LIVRAISON : **20 cent.**, RENDUE FRANCO

Le Catalogue de cette collection sera adressé *franco* aux personnes qui en feront la demande par lettre affranchie.

Paris. Typ. Beaulé, rue Jacq. de Brosse, 10

MOI J'AIME LA SIMPLICITÉ

CHANSON

Paroles et Musique d'EMILE DURAFOUR.

La Musique se trouve chez A. HEURÉ, libraire-éditeur, à Paris,
rue du Petit-Carreau, 14.

Quand je bois du vin de Champagne,
Du frontignan, du malaga,
Ma cervelle bat la campagne :
C'en est fait, ma raison s'en va.
Je préfère au vin de Gascogne,
Dont on vante la qualité,
Le plus petit vin de Bourgogne : } *bis.*
Moi, j'aime la simplicité !

Un banquier donne une soirée
Dans de beaux salons tout en fleurs ;
Voyez cette foule empressée
De jeunes et charmants danseurs.
Mais, esclaves de l'étiquette,
Ce n'est point là de la gaîté ;
Je danse au son de la musette : } *bis.*
Moi, j'aime la simplicité !

Je pourrais, avec ma fortune,
Soumettre à ma loi le plaisir ;
Mais je soulage l'infortune :
Il est si doux de secourir.
Je n'ai jamais l'humeur jalouse,
Je laisse à d'autres la fierté ;
Je porte l'habit et la blouse : } *bis.*
Moi, j'aime la simplicité !

Album du Gai chanteur.   5e vol., 93e livr.

1864

La coquette à fine tournure
Ne régna jamais sur mon cœur ;
Ses traits recouverts de peinture
Me font pitié, me font horreur.
J'évite, et mon principe est sage,
De compromettre ma santé ;
Je cherche l'amour au village : } bis.
Moi, j'aime la simplicité !

Je veux, à mon heure dernière,
Le plus modeste enterrement ;
Je veux que l'on fasse ma bière,
Non d'acajou, mais de bois blanc.
Je méprise un luxe inutile :
La mort donne l'égalité.
Suivant en tout point l'Evangile, } bis.
Moi, j'aime la simplicité !

MA LUCILE

OUBLIONS-NOUS

Air : *Ma Lisette, quittons-nous.*

Oublions-nous, ô ma Lucile,
Oublions un amour passé,
Ce qui d'ailleurs sera facile,
Car déjà ton cœur est glacé.
Ce cœur, jadis si plein de flamme,
Et tes yeux autrefois si doux,
Ne disent plus rien à mon âme :
Tiens, ma Lucile (*bis*), oublions-nous. } *bis.*

De mon côté, moi, je commence
A devenir froid, à mon tour ;
Encore un peu, l'indifférence
Viendra remplacer mon amour.
Et pourtant, si tu te rappelles,
Nous nous aimions comme deux fous ;
Depuis nos cœurs ont pris des ailes :
Tiens, ma Lucile (*bis*), oublions-nous. } *bis.*

Et puis, te souvient-il ensuite
Du premier temps de nos amours ;
Alors ce temps passait si vite
Que les mois nous semblaient des jours ;
Ta lèvre alors était prodigue
De baisers à nos rendez-vous ;
Aujourd'hui, cela te fatigue :
Tiens, ma Lucile (*bis*), oublions-nous. } *bis.*

Voici déjà venir l'aurore ;
Disons-nous un dernier adieu ;
Allons, embrassons-nous encore,
Et puis, à la grâce de Dieu !
Va chercher des amours nouvelles,
Mon cœur n'en sera point jaloux.
Moi, je cours après d'autres belles :
Tiens, ma Lucile (*bis*), oublions-nous. } *bis.*

PRUDENCE.

MOI
ÇA M' FAIT MAL

CHANSONNETTE

Paroles de A. DESCHAMPS. Musique de A. HERMANN.

La Musique se trouve chez A. IKELRE, libraire-éditeur, à Paris, rue du Petit-Carreau, 14.

Mes bons amis, dans cette vie,
Chacun se croit plus ou moins fort ;
Chacun, hélas ! a sa manie,
C' qui fait qu' nous somm's jamais d'accord.
L'un tire à dia et l'autre à hue,
L'un raisonne comme un cheval,
L'autre parle comme une grue : } bis.
Moi, ça m' fait mal, moi, ça m' fait mal. }

Tenez, voyez cette coquette
Qui pose du matin au soir,
Et dont l'écrasante toilette
Nous renverse sur le trottoir.
Dans un équipage elle trône
Avec un aplomb sans égal,
Et sa pauv' mère demand' l'aumône : } bis.
Moi, ça m' fait mal, moi, ça m' fait mal. }

J'ai p't'-être l'air d'un bon apôtre
Qui médit sur le genr' humain.
Mon Dieu, j' suis pas meilleur qu'un autre,
Mais j' crois qu' j'ai le cœur sur la main.

J'aime à soulager l'infortune :
V'là du pain, r'montez-vous l' moral;
Mais, quand on compte sur la fortune : \
Moi, ça m' fait mal, moi, ça m' fait mal. / *bis.*

En amour je n' me connais guère,
C'est pour ça que j' reste garçon,
Mais j' vais toujours droit en affaire,
Surtout près d'un jeune tendron.
J' suis neuf pour fair' une conquête,
On s' rit d' moi, mais, ça m'est égal;
Quand j' vois une femme qui fait sa tête: \
Moi, ça m' fait mal, moi, ça m' fait mal. / *bis.*

Ça m' fait mal quand j' vois l'arrogance
De ces bavards sempiternels,
Qui veulent vous imposer silence,
Et qui se croient tous immortels;
Y m' font l'effet de c'te montagne
Qui vient d' pondre un p'tit animal;
Leur esprit sort du vin d' Champagne : \
Moi, ça m' fait mal, moi, ça m' fait mal. / *bis.*

Daignez avoir de l'indulgence
Pour les couplets que j' viens d' chanter;
Ils sont l'expression d' ma croyance,
Messieurs, n'allez pas les chuter;
Le sifflet dans ma pauvre tête
Produit un chaos infernal.
Ah! n' dites pas d' ma chansonnette : \
Mo, ça m' fait mal, moi, ça m' fait mal. / *bis.*

LA FENÊTRE DE ROSE

CHANSONNETTE
Paroles de M. CONSTANTIN. Musique de A. LAGARD.

La musique se trouve chez A. HEU'ECE?, libraire-éditeur, à Paris,
rue du Petit-Carreau, 14.

Voici la brise matinale :
Sur l'arbre vert j'entends déjà
Le chant joyeux de la cigale,
Et Rose n'est pas encor là !
Hier, seulette sur la rive,
Elle semblait triste et pensive
Et, lorsque je lui pris la main,
Je la sentis trembler soudain !

REFRAIN

   Petite fenêtre
   Où Rose vient mettre
   Ses rosiers en fleurs,
   Ouvre ta persienne
   Afin qu'elle y vienne
   Respirer ses sœurs.

Elle sait pourtant que je l'aime,
Que mon cœur sans elle est flétri !
N'a-t-elle pas promis de même
Qu'un jour je serai son mari !
Chaque matin, avec l'aurore,
J'étais ici... j'y suis encor,
Et cependant, comme autrefois,
Hélas ! je n'entends plus sa voix !

   Petite fenêtre, etc.

Fais, ô mon Dieu, qu'elle paraisse !
Son cœur sitôt ne peut changer !
Et je lui porte, avec ivresse,
Une couronne d'oranger !
Mais, ô bonheur ! je crois l'entendre !
Et sa voix, plus douce et plus tendre,
Près de sa mère qui la suit,
Me dit que c'est pour aujourd'hui !

   Petite fenêtre, etc.

LE
BERGER ET LA BERGÈRE

PASTORALE, SI L'ON VEUT

Paroles de PAUL DE KOCK. Musique de J. JAVELOT.

La Musique se trouve chez A. ECHERÉ, libraire-éditeur, à Paris,
rue du Petit-Carreau, 14,

ou air : *Vos muris en Palestine.*

— Où donc allez-vous, bergère ?
— Je me rends aux champs, berger.
— Vous me permettrez, j'espère,
Avec vous de voyager.
— A votre désir j'adhère,
Si ça peut vous obliger.
Et là-dessus la bergère
A pris le bras du berger.

— Je crois qu'il tonne, bergère.
— Je le crois aussi, berger ;
Je suis mise à la légère.
— Je n'ai pas de quoi changer ;
Mais cette grotte, ma chère,
Peut fort bien nous protéger.
— Entrons-y, dit la bergère.
— Entrons-y, dit le berger.

— Je vous adore, bergère.
— Je vous aime aussi, berger.
— Entendez-vous le tonnerre ?
Ce temps va se prolonger !
Mais ici sur la fougère
Nous braverons le danger.
— Ah ! quel coup ! dit la bergère.
— Ah ! quel coup ! dit le berger.

— L'orage est passé, bergère.
— Quoi ! déjà passé, berger?
— Retournons chez votre mère.
— Non, c'est trop tôt y songer.
Tenez, voyez : l'atmosphère
Nous dit de ne pas bouger.
— Il fait superbe, bergère.
— Je vous dit qu'il pleut, berger.

Alors on vit la bergère,
Courant après son berger,
Du ton d'une harengère
Vouloir le dévisager.
Vous qui croyez aux Glycères,
Aux Corydons mensongers,
Dieu vous garde des bergères,
Dieu vous garde des bergers !

LA DÉCLARATION VILLAGEOISE

DUO COMIQUE NORMAND

Chanté par M. FLEURY et Mlle JEANNE

Paroles et Musique de Charles LETELLIER

La Musique se trouve chez A. HEURÉ, libraire-éditeur, à Paris, rue du Petit-Carreau, 14.

GROS-JEAN

Te voilà, ma p'tit' Gervaise,
Ah! la bonne occasion!
J' m'en vas t' fair', ne t'en déplaise,
Une déclaration.
J'ons pris du style à l'école,
J' vas t'étourdir d'ma parole.
Tiens, écoute tout d'un trait
Comm' j'allons fair' ton portrait :
En tout t'es un' bell' créature ;
Tes cils sont bordés de velours ;
Dans les p'tits trous de ta figure,
Niche la bande des Amours.
Tes grands yeux brillent d'étincelles,
Si tant qu' j'en restons épardu,
Et tes dents me semblont si belles,
Qu' j'en voudrions être mordu.

Ah! oui, la beauté idéale de ta figure me fait résonner les cordes harmonieuses de l'imagination dans le cahos de ma cervelle échauffée... Tiens, vois-tu, quand j'aperçois tes grands yeux qui flambent, ça me faisions l'effet de deux étoiles tombées du plafond des cieux, et je sommes certain qu'en les rencontrant dans la nuit noire, tes yeux, le père Grégoire, un peu dans la grappe, y viendrait allumer sa bouffarde. (*Il rit.*) Comprends-tu mon style allégorique?

GERVAISE

Ah! Gros-Jean, mon Dieur! qu't'es baite!
As-tu donc pardu la taîte!
Je n'entendons rien, oui-da!
A tout c' galimatias-là.
Prends le niveau de mon ignorance,
Et plant' moi là toute ta science.
    Ah! ah! ah! ah! ah! ah!
    J' t'aimons ben pus, ma foi!
    Ah! ah! ah! ah! ah! ah!
    Quand tu parlons comm' moi.

ENSEMBLE

GROS-JEAN	GERVAISE
Ah! ah! ah! ah! ah! ah!	Ah! ah! ah! ah! ah! ah!
Je n' pouvons pas, ma foi!	J' t'aimons ben pus, ma foi!
Ah! ah! ah! ah! ah! ah!	Ah! ah! ah! ah! ah! ah!
Parler si mal que toi.	Quand tu parlons comm' moi.

GROS-JEAN

De madame la nature
T'as filoutai les attraits;
Pour noircir ta chevelure,
T'as pris la couleur du jais;
Sur tes lèvres demi-closes,
T'as mis l'incarnat des roses;
Ton front porte réunis
L ivoir', la neige et le lys.
T'as vôlai jusqu'à la lumière
De l'astre radieux du jour,
Si bien qu'où tu n'es pas, ma chère,
Il fait noir comme dans un four.
Mais si l'on parvient à connaître
Tes larcins, je te prédis, moi,
Que môsieu le garde champêtre
Ira verbaliser cheux toi.

Ah! oui, si le père Ducollet, le *garde Jeanbête*, opérait une descente dans ta retraite, il ne ferait pas la sienne, de retraite... hors de chez toi, sans constater tes détournements clandestins. A Vénus, t'as vôlai les grâces qui manquent si totalement à Catherine Passoire, qu'a la figure percée comme une écumo·re; à Diane, t'as vôlai l'élégance que pourrait ambitionner Marie Bazin, qu'a la taille en villebrequin; à Terpsichore, t'as vôlai la légèreté qui conviendrait tant à Brigitte Boitard, qui va de l'avant à la danse, comme les canards vont à la mare... Ah! fi! fi! la voleuse! (*Il rit.*) Comprends-tu mon style allégorique?

GERVAISE

Ah! Gros-Jean, mon Dieur! qu' t'es baîte !
As-tu donc pardu la taîte !
Je sommes hoûnaîte, oui-da !
Je n'ons rien vôlai d' tout ça.
Au lieur de m' contai des mignardises,
Tu ne me disons que des sottises.
   Ah! ah! ah! ah! ah! ah!
   Dis-moi tout uniment,
   Ah! ah! ah! ah! ah! ah!
   Qu' tu m'aimons joliment.

REPRISE ENSEMBLE

GROS-JEAN	GERVAISE
Ah! ah! ah! ah! ah! ah!	Ah! ah! ah! ah! ah! ah!
Je n' pouvons pas, vraiment,	Dis-moi tout uniment,
Ah! ah! ah! ah! ah! ah!	Ah! ah! ah! ah! ah! ah!
T'aimer tout uniment.	Qu' tu m'aimons joliment.

GROS-JEAN

Si les dieux r'venaient sur terre,
Comme au vieux temps d'autrefois,
Tu les verrais, pour te plaire,
Tous accourir à ta voix.
Apollon, aveuc sa lyre,
Te pinc'rait son doux martyre ;
Jupiter ferait le beau
Sous la forme d'un taureau ;
Neptun', sortant de l'ond' marine,
T'offrirait le sceptre des mers,

Et Pluton quitt'rait Proserpine,
Dans le fin fond de ses enfers.
Tout c'la t'étonne et fait sourire,
Mais c'est qu'en amour, à présent,
Parlai biaucoup pour ne rien dire
Est un' grand' preuv' de sentiment.

Ah! oui, vois-tu bien, c' que j' te disons là, c'est du *parlé* qui n' disont rien et qui disont biaucoup, sans en avoir l'*air*. Ça disont sur tous les tons que t'es si belle, que j' te voyons dans le ciel où tu n'es pas, et que je n' te voyons pas sus la terre où tu es... Ça disons que pour te dire cobien j' t'aimons, c'est un travail de si longue haleine, qu'un homme qui aurait autant de vent dans la poitrine que l'orgue de l'église dans ses tuyaux... n'en viendrait pas à bout, d'une semaine... (*Avec rage.*) Ça disont finalement que j' somm's jaloux d' toi, comme Hercule de son Omphale, et que si je r'pinçons le p'tit Boissel à t'apporter des nids d' sansonnet, le serin! je l' ferons filai comme un ver à soie, sous son toit. (*Il rit.*) Comprends-tu mon style allégorique?

GERVAISE

Ah! Gros-Jean, mon Dieur! qu' t'es baîte!
As-tu donc pardu la taîte!
Tu ferais pas mal, oui-da!
D'employai mieux su temps-là.
Quand on est près d'une jeune fille,
Souviens-toi qu'autrement on babille.
Ah! ah! ah! ah! ah! ah!
J' te croyions plus d'esprit,
Ah! ah! ah! ah! ah! ah!
Adieu, m'sieu l'érudit!

REPRISE ENSEMBLE

GROS-JEAN	GERVAISE
Ah! ah! ah! ah! ah! ah!	Ah! ah! ah! ah! ah! ah!
J' perds mon temps sans profit,	J' te croyions plus d'esprit.
Ah! ah! ah! ah! ah! ah!	Ah! ah! ah! ah! ah! ah!
A t' montrer mon espr't.	Adieu, m'sieu l'érudit!

Paris, A. **HURÉ**, libraire-éditeur, rue du Petit-Carreau, 14, seul éditeur des chansons contenues dans ce recueil.

LE QU'EN DIRA-T-ON

CHANSONNETTE

Paroles de A. BLANC. Musique de F. MARTIN.

La Musique se trouve chez A.␣␣␣␣␣, libraire-éditeur, à Paris,
rue du Petit-Carreau, 14.

Chacun cherche à dissimuler,
Rien ne se fait avec franchise.
Que de défauts qu'on veut cacher !
Car moi je fais tout à ma guise.
Qu'importe qu'on me dise, à moi,
Vous faites trop jaser le monde !
Moquons-nous du qu'en dira-t-on.
Et chantons tous à la ronde :
    Oui, moquons-nous donc, (ter.)
        Oui !!!
(Parlé.) Un, deux, trois !
    Du qu'en dira-t-on.

Pourquoi se gêner ici-bas
Et faire la sainte-nitouche ?
Combien de fois, dans un repas,
Voit-on faire petite bouche !
Satisfaire son appétit,
Est-ce donc chose détestable ?
Moi, je ris de ce que l'on dit,
Et ne quitte jamais la table.
    Oui ! moquons-nous donc, (ter.)
        Oui !!!
(Parlé.) Un, deux, trois !
    Du qu'en dira-t-on.

Album du Gai chanteur.   5ᵉ vol. 94ᵉ livr.

Un bal est-il fait pour danser,
Ou bien pour parler politique?
Il vaut bien mieux se trémousser
Aux gais accords de la musique.
Danser un joyeux rigodon,
Est-ce donc chose malhonnête?
Moquons-nous du qu'en dira-t-on,
Et qu'avec moi chacun répète :
    Oui! moquons-nous donc, (*ter*.)
    Oui!!!
(*Parlé*.) Un, deux, trois!
    Du qu'en dira-t-on.

Quatrième couplet, chanté par une Dame.

Messieurs, je suis dans l'embarras,
Car, malgré mon humeur joyeuse,
Si ma chanson ne vous plaît pas,
J'en serai vraiment malheureuse.
Être indulgent, c'est toujours bon :
Pourquoi ne pas en faire usage?
Si vous sifflez, qu'en dira-t-on?
Allons, donnez-moi du courage.
    Applaudissez donc! (*ter*.)
    Oui!!!
(*Parlé*.) Un, deux, trois!
    Le Qu'en dira-t-on.

Autre quatrième couplet, chanté par un Cavalier

Messieurs, je suis dans l'embarras,
Malgré mon humeur folichonne;
Si ma chanson ne plaisait pas,
C'est qu'elle ne serait pas bonne.
Être indulgent, c'est toujours bon :
Pourquoi ne pas en faire usage?
Si vous sifflez, qu'en dira-t-on?
Allons, donnez-moi du courage.
    Applaudissez donc! (*ter*.)
    Oui!!!
(*Parlé*.) Un, deux, trois!
    Le Qu'en dira-t-on.

LA MÈRE ESCLAVE
De CHARLESTON (États-Unis)
ROMANCE DRAMATIQUE
Paroles de Maurice BADUEL. Musique de F. CÉRANI.

La musique chez A. HURÉ, libraire-éditeur, rue du Petit-Carreau, 14.

Je suis esclave et mère malheureuse,
Qu'aucune loi ne protège ici-bas ;
Ma destinée est la plus douloureuse,
Mes chers enfants ne m'appartiennent pas :
Vous les vendez aux marchés, à l'enchère !
Ne suis-je pas un martyr vivant ?
Pitié, mon Dieu, de ma douleur amère,
C'est aujourd'hui que l'on vend mon enfant. (bis.)

Malgré mes pleurs, mon âme désolée,
Du père, hélas ! de mes enfants chéris,
De lui, pourquoi m'avez-vous séparée,
En le vendant pour un autre pays ?
Cruel destin est le mien sur la terre ;
Ne suis-je pas un martyr vivant ?
  Pitié, mon Dieu, etc.

Quand vous voyez la douleur qui m'accable,
Vous souriez d'un mépris sans pareil,
Vous me traitez d'insensée indomptable,
Votre courroux n'est connu que du ciel ;
Vous méprisez ma tendresse de mère :
Ne suis-je pas un martyr vivant ?
  Pitié, mon Dieu, etc.

Votre pouvoir m'enchaîne pour la vie
A supporter l'humeur de vos ennuis ;
Je suis esclave et soumise à l'envie
De vos désirs si souvent inouïs ;
Je souffre tous vos coups et la misère :
Ne suis-je pas un martyr vivant ?
  Pitié, mon Dieu, etc.

Peine et chagrin, voilà mon existence,
Et c'est aussi le sort de tous les miens ;
Nous sommes nés enfants de la souffrance
Persécutés par des gens inhumains ;
Nous n'avons pas un seul droit sur la terre :
Ne suis-je pas un martyr vivant ?
  Pitié, mon Dieu, etc.

HISTOIRE DU GÉANT VENTRE-D'OSIER

EXCENTRICITÉ LYRIQUE

Paroles d'A. DALÈS et H. MAIGNAND. — Musique
de L. GOUDESONE.

La Musique se trouve chez A. REUERÉ, libraire-éditeur, à Paris,
rue du Petit-Carreau, 14.

Voulant charmer mon auditoire,
Ce soir, sans me faire prier,
Je vais vous raconter l'histoire
De messire Ventre-d'Osier.
Ne pouvant trouver de nourrices
A ce moutard énorme et laid,
On chargea quatre cents génisses
Du soin de lui fournir du lait.

REFRAIN

Cric! crac!
Allez de l'avant, la musique,
Car je tiens à justifier
Qu'elle est passablement comique,
L'histoire de Ventre-d'Osier!

Il avait une de ces tailles
A faire honte aux peupliers;
Dans ses doigts, pis que des tenailles,
Il pulvérisait des mortiers.
Certain jour, histoire de rire,
Qu'il s'était payé des harengs,
Il prit le grand mât d'un navire
En manière de cure-dents.
    Cric! crac! etc.

A ses repas, pour ordinaire,
Il dévorait quatre moutons,
Tout un bœuf aux pommes de terre
Et deux porcs aux petits oignons.
Quand sa soif n'était pas trop grande,
D'un muids de vin il s'arrosait;
Deux cents fromages de Hollande,
Pour son désert, ça suffisait.
    Cric! crac! etc.

Au centre d'une immense plaine
Il habitait un vieux castel
Dont les créneaux servaient sans peine
Comme de clé de voûte au ciel.

Quand il lui plaisait, vers la brune,
D'allumer un panatellas
Aux feux scintillants de la lune,
Il n'avait qu'à lever le bras.
  Cric! crac! etc.

Chaque fois qu'il se faisait prendre
La mesure d'un vêtement,
En long il lui fallait s'étendre
Sur un pré de plus d'un arpent ;
Ceci peut sembler hors nature,
Mais ce dernier fait m'est acquis :
Des coupes de sa chevelure
On formait des cordes à puits.
  Cric! crac! etc.

Il prit pour femme une commère
De laquelle il eut trente enfants
Qui possédaient, comme leur père,
Un tas de petits agréments.
Et pourtant, un jour de famine,
Croiriez-vous que l'affreux glouton,
Pour avoir un brin de cuisine,
Mit sa famille en miroton.
  Cric! crac! etc.

Par bonheur, cet amour de père,
D'un caractère assez badin,
Est rentré cinq cents pieds sous terre,
Par trop d'amour pour le boudin.
Nul ne suivit les funérailles
De ce vampire sans pareil,
Qui se rissola les entrailles
En en faisant cuire au soleil.
  Cric! crac! etc.

N'allez pas, pour cette cascade,
Messieurs, déployer vos rigueurs,
Car, là-bas, à la cantonade,
Je crois en voir les auteurs.
Prêt à rentrer dans la coulisse,
J'ai peur, partageant leur émoi,
D'en attraper une jaunisse...
Ah! par grâce, épargnez-la-moi ;
Et, par ce geste sympathique,
Que nous vous prions d'employer,
Prouvez-nous qu'elle est drôlatique,
L'histoire de Ventre-d'Osier !

VIEILLESSE ET SOUVENIRS

ROMANCE

Paroles de H. DESOMBRAGES. Mus. de J. BERNET.

La Musique se trouve chez A. HUUERÉ, libraire-éditeur, à Paris, rue du Petit-Carreau, 14.

Dans mon réduit, près d'un feu qui pétille,
Quand vient l'hiver, je nargue les autans ;
L'âtre est brillant, et la flamme scintille :
A son éclat j'ai revu mes vingt ans.
A l'étincelle expirant dans l'espace,
J'ai confié de bien tendres soupirs. (bis.)
Jeunesse, amour, beauté, puisque tout passe, } bis.
De l'âge heureux gardons les souvenirs !

Quel est ce bruit ? c'est le tison qui tonne,
Lançant vers moi ses feux étincelants !
Il me rappelle, et tout mon sang bouillonne,
De mon pays les drapeaux triomphants !
Illusion, hochet de la jeunesse,
Entourez-moi de mes premiers plaisirs. (bis.)
Quand vient la neige au front de la vieillesse, } bis.
De l'âge heureux gardons les souvenirs.

Dans l'âtre, hélas ! la flamme s'est voilée,
Je n'entends plus ses tisons éclatants ;
Ils ont vécu le temps de la veillée,
Comme les fleurs qui naissent au printemps.
Jeune est mon cœur sous les rides de l'âge,
A l'infini s'envolent mes désirs. (bis.)
L'âme tranquille, à mon dernier voyage, } bis.
J'emporterai mes jeunes souvenirs.

UNE POULE SUR UN MUR

CHANSONNETTE

Paroles de feu Jules LEROY et A. BOULANGER

Musique de Auguste BOULANGER.

La musique se trouve chez A. IKUREÉ, libraire-éditeur, à Paris, rue du Petit-Carreau, 14.

Malgré mes trois cheveux gris,
Hier, je me suis surpris
Chantant ce r'frain innocent
Que fredonne chaque enfant :
Une poule sur un mur
Y picotait du pain dur.
   Picoti, picota,   (bis.)
Trouss' ta queue et puis t'en vas.

Mais rappelons-nous quel jeu
A ce refrain donna lieu ;
C'est, je crois, lorsqu'on chercha
Celui qui serait le chat.
   Une poule, etc.

Au risque d'être trivial,
Je m' suis dit, comme Jovial :
Puisque les refrains n' donn'nt plus,
J' vas faire une chanson là-d'ssus.
   Une poule, etc.

A cett' poule, je vois, hélas !
Ressembler bien des ingrats :

Accablez-les de bienfaits,
Et vous n' les r'voyez jamais.
    Une poule, etc.

A Charenton, l'autre jour,
J' fus voir un fou par amour ;
J' lui dis : « Mon vieux, t' sens-tu mieux ? »
Il m' répond d'un air joyeux :
    « Une poule, » etc.

Chansonniers, dont la prison
A maintes fois fait raison,
Vous auriez pu l'éviter,
En vous bornant à chanter :
    Une poule, etc.

Bien qu'on défende en ces lieux
Les couplets séditieux,
Moi, d'avance, je suis certain
Qu'on n' défendra pas mon refrain.
    Une poule, etc.

La tête hors du poulailler,
Une poule s' mit à chanter.
Dumanet, le sabre en main,
A la belle répond soudain :
« Tu n' mont'ras plus sur le mur,
Car j' vais t' tailler du pain dur...
    Picoti, picota, (*bis*.)
Tais ton bec, et puis j' m'en va. »

V'LA C' QUE C'EST
QUE L' CARNAVAL

CHANSON COMIQUE

PAR DÉSAUGIERS

La Musique se trouve chez A. HUREL, libraire-éditeur, à Paris,
rue du Petit-Carreau, 14.

Momus agite ses grelots,
Comus allume ses fourneaux,
Bacchus s'enivre sur sa tonne,
   Pallas déraisonne,
   Apollon détonne ;
Trouble divin, bruit infernal : ⎫
 V'là c' que c'est que l' carnaval. ⎭ *bis.*

Au lever du soleil, on dort ;
Au lever de la lune, on sort ;
L'époux, bien calme et bien fidèle,
   Laisse aller sa belle
   Où l'amour l'appelle ;
L'un est au lit, l'autre est au bal : ⎫
 V'là c' que c'est que l' carnaval. ⎭ *bis.*

Carrosses pleins vont par milliers,
Regorgeant dans tous les quartiers ;
Dedans, dessus, devant, derrière,
   Jusqu'à la portière,
   Quelle fourmilière !
Des fous on croit voir l'hôpital : ⎫
 V'là c' que c'est que l' carnaval. ⎭ *bis.*

Un char pompeusement orné
Présente, à notre œil étonné,
Quinze poissardes, qu'avec peine

Une rosse traîne ;
Jupiter la mène ;
Un cul-de-jatte est à cheval : } *bis.*
V'là c' que c'est que l' carnaval. }

Arlequin courtise Junon ;
Colombine poursuit Pluton ;
Mars, madame Angot qu'il embrasse ;
   Crispin, une Grâce,
   Vénus, un paillasse ;
Ciel, terre, enfer, tout est égal : } *bis.*
V'là c' que c'est que l' carnaval. }

Mercure veut rosser Jeannot,
On crie à la garde aussitôt,
Et chacun veut, de l'aventure,
   Le pauvre Mercure
   A la préfecture,
Coucher sur un procès-verbal : } *bis.*
V'là c' que c'est que l' carnaval. }

Profitant aussi des jours gras,
Le traiteur déguise ses plats,
Nous offre vinaigre en bouteille,
   Rognons de la veille,
   Daube encore plus vieille ;
Nous payons cher, nous soupons mal : } *bis.*
V'là c' que c'est que l' carnaval. }

Un bœuf à la mort condamné
Dans tout Paris est promené ;
Fleurs et rubans parent sa tête ;
   On chante, on le fête,
   Et la ronde faite
On tue, on mange l'animal : } *bis.*
V'là c' que c'est que l' carnaval. }

Quand on a bien ri, bien couru,
Bien mangé, bien chanté, bien bu,
Mars d'un fripier reprend l'enseigne,
   Pluton son empeigne,
   Jupiter son peigne ;
Tout rentre en place, bien ou mal : } *bis.*
V'là c' que c'est que l' carnaval. }

LA
VIE D'UN PARTICULIER

ROMANCE ROMANTIQUE

Avec dix ans d'intervalle entre chaque couplet,

PAR PAUL DE KOCK

Air de : *Ma Céline, amant modeste.*

PREMIER COUPLET
(Le particulier, à dix ans)

Que les parents sont ridicules
Avec leur latin et leur grec !
Combien je suis las de férules,
Et de *pensum* et de pain sec !
Ah ! de grandir j'ai bonne envie !
Alors, loin d'être nonchalant,
Je veux, tous les jours de ma vie,
Faire enlever un cerf-volant.

DEUXIÈME COUPLET
(Le particulier, à vingt ans)

Ah ! que ma cousine est jolie !
Les beaux yeux ! quel air de douceur !
Déjà je l'aime à la folie ;
L'épouser ferait mon bonheur.
On m'objecte encore mon âge :
Vingt ans, c'est trop jeune, dit-on ;
J'en voudrais avoir davantage
Afin de n'être plus garçon !

TROISIÈME COUPLET
(Le particulier, à trente ans)

Vraiment, ma femme est ennuyeuse,
Elle veut me tyranniser ;
De mon temps, pour la rendre heureuse,
Je ne puis jamais disposer.

Après six ans d'hymen, j'espère
Qu'on doit être plus tolérant.
Quand donc, pour promener sa mère,
Mon fils sera-t-il assez grand !

QUATRIÈME COUPLET
(Le particulier, à quarante ans)

Mon fils a quinze ans, et le drôle
Ira loin, si je m'y connais !
Pour ma fille, sur ma parole,
On admirera ses attraits ;
Je veux qu'elle épouse une altesse,
Et que mon fils soit général ;
A leur noce quelle allégresse !...
Quand donc en verrai-je le bal !

CINQUIÈME COUPLET
(Le particulier, à cinquante ans)

Au diable soit de la famille !
Mon vaurien a tout engagé !...
Et l'argent qu'a reçu ma fille
Déjà par mon gendre est mangé.
Partons, car, si je n'y prends garde,
Mon bien n'y suffira jamais.
Ah ! d'être loin d'eux qu'il me tarde,
Afin de pouvoir vivre en paix !

SIXIÈME COUPLET
(Le particulier, à soixante ans)

En me rappelant ma jeunesse,
Maintenant que j'ai soixante ans,
Je vois que par ses vœux sans cesse
On presse la marche du temps ;
C'est à vieillir que l'on aspire,
Puisque, même sur mon déclin,
Il m'arrive encore de dire :
« Je voudrais bien être à demain. »

Paris, A. HURÉ, libraire-éditeur, rue du Petit-Carreau, 14, seul éditeur des chansons contenues dans ce recueil.

Paris. Typ. Beaulé, rue Jacq. de Brosse, 10

LES MUSES EN GOGUETTE

CHANSONNETTE

Paroles de P. MÉRIGOT. Musique de LASSIMONNE.

La Musique se trouve chez A. HURÉ, libraire-éditeur, à Paris, rue du Petit-Carreau, 14.

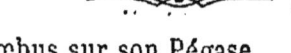

Phœbus sur son Pégase
Allait se dandiner
Barrière Montparnasse,
Pour quêter un dîner.
Il cherchait quelques ruses
Pour entrer au salon,
Entortiller les Muses
Et payer en chansons.
    Sur ce ton :   (bis.)
Ton, ton, ton, ton, ton, ton, ton, ton, ton!
    Allons, mes tendrons, }
Bat, bat, bat, bat, bat, batifolons. } bis

Il rencontre à la porte
Thalie à l'œil mutin,
Belle, rieuse, accorte,
Disant d'un air malin :
Aujourd'hui l'on plaisante,
Entrez, joyeux lurons ;
Chez nous on rit, on chante
L'amour et le bouchon.
    Sur ce ton, etc.

Album du Gai chanteur.   5ᵉ vol. 95ᵉ liv.

En voyant l'assemblée,
La champêtre Érato,
Calliope troublée,
Polymnie et Clio,
Uranie en colère,
Euterpe et son violon,
Il se dispose à faire...
Rimer un gai flon-flon,
   Sur ce ton, etc.

On prit place à la table.
Quand vinrent les liqueurs,
Phœbus, toujours aimable,
Faisait la cour aux sœurs.
Mais, hélas! Melpomène
Dansait au Grand Salon,
A la barrière du Maine,
Sans rime ni raison.
   Sur ce ton, etc.

Mais il manquait encore,
A ce joli festin,
La leste Terpsichore
Pour mettre tout en train.
Elle entre avec délire
Sous le bras d'Apollon,
Qui pinçait de la lyre
Avec un vieux flacon.
   Sur ce ton, etc.

Aussitôt de la danse
On donne le signal,
Et la foule commence
Un vacarme infernal.
Phœbus, dans cette affaire,
S'est enivré, dit-on,
Puis est parti sans faire...
Sans faire une chanson.
   Sur ce ton, etc.

CE QUI PLAIT A CES DAMES

Air des *Plaisirs du village*.

Un étudiant de première année.

—Frais débarqué dans le quartier Latin,
Je viens à toi, cher Anatole,
Me renseigner sur le sexe lutin,
Très-fréquenté par chaque école.
Tout comme toi, moi, je voudrais aussi
Brûler de délirantes flammes;
Instruis-moi donc, et je dirai : Merci !
Dis-moi ce qui plaît à ces dames. (*bis.*)

Un étudiant de troisième.

— J'y consens, et, pour commencer,
Retiens cet avis salutaire :
Auprès d'elles il faut t'annoncer
Par le champagne et le madère:
De toi, mon cher, elles pourront s'occuper;
Tu risques d'attendrir leurs âmes
En leur payant très-souvent à souper :
Voilà ce qui plaît à ces dames. (*bis.*)

Au Beuglant, ou bien chez Bullier,
Il t'est permis de faire l'aimable ;
L'amitié pourra vous lier,
Surtout quand vous serez à table.
Alors leur cœur pour toi sera moins sec,
Tu ne recevras point de blâmes.
Un peu d'amour, mais beaucoup de bifteck:
Voilà ce qui plaît à ces dames. (*bis.*)

Quand viendra le premier du mois,
Si tu veux faire une surprise,
Alors on t'aimera cent fois,
Tout en riant de ta bêtise.
Un cachemire, une robe, un bijou,
Seront pour toi bonnes réclames;
Un diamant ou tout autre joujou:
Voilà ce qui plaît à ces dames. (*bis.*)

Mais aussi, pour toi, quel bonheur!
Car, étant chéri de la belle,
Tu seras fier de cet honneur,
Si tu ne vois pas la ficelle.
Je trouve cela peu tentant.
J'adore et j'estime les femmes;
Mais l'amour à l'argent comptant,
Voilà ce qui plaît à ces dames. (*bis.*)

AMELINE.

HALLALI
ou
PARTIE MANQUÉE

RONDE DE CHASSE A UNE OU DEUX VOIX, AD LIBITUM *

Paroles de Jules CHOUX. Musique arrangée par G***.

La Musique se trouve chez A. IKELERZÉ, libraire-éditeur, à Paris,
rue du Petit-Carreau, 14.

Allons, chasseur, le jour se lève ;
Déjà la trompe retentit
    Et te dit,
Qu'au sommeil il faut faire trêve ;
    Au rendez-vous,
   On n'attend plus que vous :
Debout ! abandonne ton rêve,
    Car aujourd'hui
  Nous sonnons l'*hallali* !

Ne réveille pas $\genfrac{}{}{0pt}{}{ta}{ma}$ commère,
Qui, parlant dans son intérêt,
    Nous dirait :
« La chasse vous est donc bien chère,
    Puisque avant l'jour,
   Contre les lois d'amour,
Vous laissez votre ménagère
    Seule en son lit
  Pour sonner l'*hallali* ? »

Fi de ces braconniers avides
Qui tirent en vrais étourneaux
    Aux moineaux
Leur poudre... et rentrent carniers vides,
    N'ayant rien pris,
   Craignant d'être surpris !...

* Chantée à deux (chacun son couplet), cette chanson doit rendre
l'effet de ces dialogues établis entre deux cors, d'un endroit à un
autre.

Nous, francs chasseurs, suivons nos guides,
 Sûrs, aujourd'hui,
De sonner l'*hallali*.

Mais à chasser la *grosse bête*,
Nous pouvons nous faire la main
 En chemin.
Pour assurer notre conquête,
 Lièvre et perdreau
 Ne seront pas en trop ;
Puis nous boirons à la défaite
 Du cerf joli
 En sonnant l'*hallali*.

Dans ce taillis, là-bas, regarde...
Vois, nos chiens ont l'air d'approcher,
 De chercher ;
Ajuste... Halte-là, c'est un garde
 Qui se tapit...
 Dans l'herbe s'accroupit
Pour... Le cas point ne nous regarde ;
 Mais, en oubli,
 Nous mettons l'*hallali*.

Oui, l'heure a sonné !... l'on s' prépare ;
Car
Déjà la bête est aux abois
 Dans le bois ;
Chacun fait feu sans crier : Gare !
 Le cerf, traqué
 Par les chiens, débusqué,
Tombe et meurt... J'entends la fanfare ;
 Sans nous, ami,
 L'on sonne l'*hallali*.

Pour oublier notre disgrâce
Allons bravement déjeuner,
 Puis, dîner,
Au cabaret des sœurs Tourasse,
 Qui, veuv's tout's deux,
 S'en consolent au mieux...
Chez ell's, tout chasseur trouve place,
 A table, au lit,
 Pour sonner l'*hallali*.

DANS MA CHOLI PÉYIS DÉ BADE

RENGAINE ALLEMANDE
Paroles et musique de ÉMILE DURAFOUR

La Musique se trouve chez A. HURÉ, libraire-éditeur, à Paris, rue du Petit-Carreau, 14.

Dans ma chôli péyis dé Bade,
    Dé Bade,
Nous n'avrent pas l'humeur maussade,
    Maussade ;
Pour chasser le sompre chacrin,   (bis.)
Nous choueons de la glarinette,
De la trompôle et du drompette ;
Puis nous gentons au pord du Rhin :   (bis.)
    La la ou la,   (bis.)
Le bétit chanson que voilà.
    Egoudez za :   (bis.)
    La la ou la la,   (bis.)
La la ou la ou la ou la la,
    La la ou la la,   (bis.)
La la ou la ou la la la.

Dans ma chôli péyis dé Bade,
    Dé Bade,
Nous aimons pien le casgonnade,
    Gonnade.
Le Allemand il est malin,   (bis.)
Il a de l'esprit plein son tête ;
Chacun sait bien qu'il est pas bête
Pour chanter sur les pords du Rhin :   (bis.)
    La la, etc.

Dans ma chôli péyis dé Bade,
    Dé Bade,
Nous aimons pien le proménade,
    Ménade.
Aussi le soir et le matin,   (bis.)
Avec mon crosse bon amie,
La cheune et charmante Marie,
Nous chantons sur les pords du Rhin :   (bis.)
    La la, etc.

NOTA. — Après chaque refrain, parlé : — C'est la crosse Christofle qui chante pien ça !

UN PEU DE BOIS
UN PEU DE PAIN

ROMANCE

Paroles de LAISNÉ. Musique de E. COUCHOT.

La musique se trouve chez A. BECHRÉ, libraire-éditeur, à Paris,
rue du Petit-Carreau, 14.

L'hiver à grands pas nous arrive;
L'hirondelle a quitté nos champs;
Déjà l'aigre cri de la grive
A remplacé de plus doux chants.
Comme vous, riches de la terre,
Le pauvre a froid, le pauvre a faim;
Donnez-lui, comme à votre frère,   } *bis.*
Un peu de bois, un peu de pain.

De vos beaux palais où l'or brille,
Opulents, vous ne pouvez voir
Ce pauvre père de famille
A ses enfants dire le soir :
« Pauvres petits, sur votre paille,
Serrez-vous bien jusqu'à demain;
Demain, enfants, si je travaille,   } *bis.*
J'aurai du bois, j'aurai du pain. »

Voyez-vous là-bas, sur la rive,
Comme il a l'air triste et souffrant,
Cet homme à l'allure furtive,
Qui des yeux sonde le courant.
A genoux le voilà qui prie :
Mon Dieu, tendez-lui donc la main!
Que faut-il pour sauver sa vie?   } *bis.*
Un peu de bois, un peu de pain.

Voyez-vous cette jeune fille
Que le vice doré poursuit,
Et qui, de sa modeste aiguille,
N'obtient qu'un infime produit !
Contre le vice et la souillure
Elle veut se débattre en vain.
Que lui faut-il pour rester pure ? } bis.
Un peu de bois, un peu de pain.

Riches, recherchez la souffrance
Ailleurs qu'au fond de vos palais ;
N'attendez pas que l'indigence
Vienne mendier vos bienfaits.
Prenez parfois, sans qu'on le sache,
De la mansarde le chemin ;
Portez, au pauvre qui se cache, } bis
Un peu de bois, un peu de pain.

LA
GAZETTE DES TRIBUNAUX

CHANSONNETTE COMIQUE

Paroles de CHOL DE CLERCY. Musique de DOMERGUE.

La Musique se trouve chez A. LEBRE, libraire-éditeur, à Paris, rue du Petit-Carreau, 14.

Ah! voilà ma *Gazette!* Mes enfants, avec ce journal, vous connaissez le fort et le faible de la capitale et des départements. Il vous *frelate* tout ce qui se passe tant sur la terre que sur l'onde. Tenez, écoutez cet article, que je pêche à la ligne des faits divers : « Hier, des mariniers ont retiré de la Marne un ouvrier en caoutchouc. » Tiens! on fait des hommes caoutchouc, à présent!... « Ce malheureux laisse une nombreuse famille. » Comment, ça fait des enfants, un homme en... O le progrès! le progrès! où s'arrêtera-t-il, dites-moi z'un peu? — Nouvelles de mer : « On a repêché vivant une jeune enfant, qui était tombée dans le lit... de la Seine; ça a fait grand plaisir à la mère. » Tiens, ils ont mis un *e* à la mer! Ces *imprimeurs*, ça vous fait des fautes d'arithmétique!...

REFRAIN

Croyez-moi, prenez le journal
Pour bien former votre moral;
Lisez, lisez, mes p'tits agneaux,
La *Gazette des Tribunaux!*

On dit qu' dans la dernière guerre,
Tous nos petits soldats français
Se sont montrés d' la bonn' manière,
Et qu' l'enn'mi n'a pas fait ses frais;
Je l' crois, car, sur le champ d' bataille,
A travers l'homme et la mitraille,
Soldats, officiers, caporaux,
Tout ça s' bat comm' des généraux!

On ne voit dans les *journals* que des hauts faits. On lit dans la *Presse :* « Boulandos, s'étant engagé volontairement, après avoir tiré un mauvais numéro, le numéro 3, fut incorporé dans les voltigeurs ; il passa quatre années dans son corps, estimé de ses chefs, qui, pour le récompenser, le firent fusilier. » En v'là une drôle de récompense ! « Ses anciens amis le regrettèrent beaucoup. Une fois fusilier, il sut conquérir, grâce à son charmant caractère, l'amitié de ses nouveaux compagnons d'armes et celle de son colonel, qui lui confia le grade de caporal, après sept années passées sous les drapeaux. Il vient de rentrer dans ses foyers, domestique chez M. l'adjoint du maire de sa commune. » Caporal au bout de sept ans !... Quinze jours de plus, et son colonel l'aurait peut-être fait général... ou bien encore sergent. (*Au refrain.*)

> Il ne faut jamais, bonne mère,
> Laisser loin de vous votre enfant :
> D'abord, il peut s' flanquer par terre,
> Se casser l' nez ou bien z'un' dent,
> Et s'il déchire ses culottes,
> Donnez-moi-z'y quelques calottes,
> Et puis, pour lui clouer son bec,
> Un gros morceau de pain tout sec.

Et la preuve, c'est que je lis dans l'article *Tribunaux* : « La septième chambre de la correctionnelle vient d'être saisie d'une affaire de la plus grande noirceur ; voici les faits : Le sieur Duvernis, marchand de cirage, vint demander à madame Vilain, sa concierge, de vouloir bien lui confier son jeune enfant, gras à lard et rosé comme une pomme d'api, âgé de six ans, sous le prétexte fallacieux de le promener toute la journée dans sa voiture et de le bourrer de gâteaux, de pommes de terre frites, et autres sucreries. L'imprévoyante mère donna à cet homme son fruit, qu'on fit... monter dans le véhicule. Le soir de ce jour fatal fut témoin d'une scène déchirante : une tendre mère repoussait les caresses d'un jeune enfant... et son pied se levait pour lui donner sa malédiction, en disant : « Chassez de ma demeure cet affreux négrillon, » quand la voix de la nature l'emporta sur l'erreur, alors que le malheureux enfant s'écria de sa voix printanière, en pleurant : « Maman ! maman ! j'ai bobo au ventre ! » Il avait trop mangé de sucreries : ainsi l'a pensé le tribunal. L'auteur de cette métamorphose était monsieur Duvernis, qui, pour prouver au public la supériorité de sa marchandise, avait frotté de la tête aux pieds l'innocente créature, voulant démontrer que son cirage prenait sur toute espèce de cuir, voire même sur les corps gras : il l'a prouvé sur toutes les faces, grâce au petit Vilain. Monsieur Duvernis a voulu se blanchir devant les juges, qui l'ont condamné à huit jours de prison et seize francs d'amende. Il s'est retiré, après avoir reçu de M. le président un fameux savon, qu'il aura sans doute partagé avec madame Vilain, pour nettoyer le petit bonhomme. » Eh ben ! je dis qu'en voilà une, de leçon, pour les mères qui ont des enfants ! Aussi... (*Au refrain.*)

> Sous une forme ingénieuse,
> Le journal vous montre du doigt
> La bonne rout' de la vicieuse,
> Le côté gauch' du côté droit ;
> La *Gazette* vous prouve, en somme,
> Qu' pour qu'un' femme s' dise honnête homme,
> Faut pas qu'ell' manqu' de chasteté,
> De loyauté ni d' probité.

Une accusation de vol amène à la barre du tribunal madame Pincetout. M. le président lui propose un avocat d'office. « S'il est en train de manger à l'*office*, faut pas le déranger, dit-elle ; je serai mon avocate moi seule : je vas vous poser mes *contusions*. Je demande qu'il plaise à la Cour de condamner mon accusateur aux travaux forcés à perpétuité, et à me donner vingt mille francs de dommages-intérêts pour avoir porté atteinte à tout ce que j'ai de plus cher au monde, après mon mari : à mon honneur !... C'est pas le Pérou, vingt mille francs ! — LE PRÉSIDENT. Vous êtes ici pour vous défendre, et non pour accuser. Répondez, femme Pincetout : Quand Cornedebœuf vous a fait arrêter, aviez-vous son cœur ? — L'ACCUSÉE. Oui, puisqu'il me l'avait donné. — LE PRÉSIDENT. Pouvez-vous le prouver ? — LA FEMME PINCETOUT. Oui, digne magistrateur. Depuis six mois, je me fournissais chez l'infâme Cornedebœuf, boucher par état et par profession ; je lui achetais tous les matins un sol de foie pour mon chat, et, chaque fois qu'il me donnait le foie, il me disait : Adorable madame Pincetout, prenez donc mon cœur ! et chaque fois je lui répondais : Oh ! non, vous me le feriez payer trop cher. — Je vous le donne pour rien. Il me chantait même : *Je ne vends pas mon cœur !* en me tirant les cordons de mon tablier ; car vous saurez, monsieur le président, que les bouchers tirent toujours les cordons de notre tablier. Un jour, M. Pincetout, mon légitime, me dit : Amanda, mon cœur, j'en mangerais bien un, de cœur, aux petits oignons.

Bon! que je dis sans lui rien dire, je te vas faire une surprise, mon homme; et je file chez le boucher. Il était absent. Je l'attends... pas longtemps... Ma foi, impatientée, pendant que le garçon sert un morceau de culotte à la femme du tailleur, je décroche le cœur... et je m'en vas. Mais, à vingt pas de là, je le rencontre; je cache son cœur sous mon châle, je lui souris... Il me dit des bêtises... je ris comme une petite folle... quand tout à coup mon cachemire s'entr'ouvre et lui laisse voir son cœur palpitant sous les battements tumultueux du mien. Cornedebœuf veut me le prendre. Je résiste... Une honnête femme résiste toujours. Je crie : Au voleur! et le gredin me fait arrêter! C'est-y juste? Quand on donne quelque chose, on ne le reprend pas. — CORNEDEBOEUF. Mais c'était mon cœur d'homme que je voulais vous donner. — L'ACCUSÉE. C'est un horrible *vermifuge* qu'il emploie là, mon président, à preuve que sa femme l'appelle toute la journée sans-cœur; or, le plus beau boucher du monde ne peut donner que ce qu'il a. Monsieur le président, la femme est parfois légère, mais *l'homme l'est aussi* quelquefois, convenez-en ; vous ne me rendrez pas la victime d'un jeu de mots, vous ferez cesser ceux que j'endure, vous ne flétrirez pas mes quarante printemps, vous ne frapperez pas une orpheline qui soutient son père et qui aide son cousin qui, depuis six ans, sert la *Patrie* à tous les abonnés de cet estimable journal. Malgré son brillant plaidoyer, la femme Pincetout a été condamnée à un mois de prison. » Ah! si je n'aimais pas tant les côtelettes, c'est moi qui demanderais la suppression des bouchers! En v'là-t-il des histoires, pour trois sous! Vrai, c'est pas cher! (*Au refrain*.)

ÉCRIRE FRANCO

A. HURÉ, libraire-éditeur, à Paris

14, RUE DU PETIT-CARREAU, 14,

Seul propriétaire des chansons contenues dans l'Album du Gai chanteur.

(Reproduction complètement interdite.)

Paris. — Typ. Beaulé, 10, rue Jacques de Brosse.

VIV' LE PICTON

SCÈNE COMIQUE

Paroles de CHARLES VOIZO. Musique de LUIGI DENEGRI.

La Musique se trouve chez A. HEURÉ, libraire-éditeur, à Paris,
rue du Petit-Carreau, 14.

INTRODUCTION.

Eh bin, quoi... quand vous me r'gard'rez... est-ce que j' vous dois quéq' chose... Non... Eh bin, passez donc vot' chemin... C'est donc bin risible d' voir un homme qu'a des faiblesses... Si vous aviez dans vot' pauv' corps c' qui est entré dans celui-ci... vous seriez tous morts... Oh! je n' vous en veux pas... La preuve, c'est que j' vas vous raconter la noce que j' viens d' faire.

REFRAIN.

Viv' le picton!
V'là ma raison.
A rire et boire,
Je mets ma gloire;
Viv' le raisin!
C'est mon refrain.
(Regardant l'orchestre.)
Chacun son goût; } bis.
Moi, j'aime à boire un coup. }

Je viens d'avec l'ami Lahure,
Le charcutier qui d'meure au coin;
Nous nous somm's payés un' voiture,
Qui nous a traînés assez loin;
J' vous dirai pas l' nom d' la barrière
Où l'on peut si bien rigoler;
Ma mémoire reste en arrière,
Informez-vous à notr' cocher.

Album du Gai chanteur.   5ᵉ vol. 96ᵉ liv.

Tout c' que j' peux dire... c'est qu' nous avons rigolé
oh! mais, c'était ça... Lahure, m' dit L'Altéré... veux-tu
faire un bout d' noce ? Nous allons dîner, mais numéro
un... J' réponds insensiblement : Ça m' va. Nous entrons
au restaurant d' l'*Escargot en convalescence,* tenu par le
père *Baurata,* qui nous a servi des plats d' sa composi-
tion... *oh! mais, c'était ça...* Nous n'avons jamais pu savoir c' que c'était... Nous avons arrosé le tout avec du
p'tit ginglard à six, qui nous a fait éternuer... *oh! mais,
c'était ça...* Ensuite, nous avons pris l' café, le pousse-
café, le repousse-café ; nous nous sommes payé l' billard,
rien qu' ça d' lusque ; j'en ai rendu vingt-cinq de trente à
Lahure, qui faisait un nez aussi long qu' sa queue de billard. (*Rire aux éclats.*) (*Au refrain.*)

> Nous payons l'écot de la carte,
> Qui s' montait à neuf livr's dix sous.
> Du plaisir, pour pas qu'on s'écarte,
> J' dis : Nous allons faire les fous.
> Je m' paye le bras nerveux d' Lahur,
> Afin d' nous sout'nir tous les deux ;
> Nous nous baladions, à coup sûr,
> En nous raidissant comm' des pieux.

Enfin, nous entendons la musique, et nous entrons au
bal de la *Punaise en faillite,* un bal, *oh! mais, c'était
ça.* J' dis à Lahure : Nos femmes n'est pas ici... folichon-
nons-nous un brin ?... Folichonons, qui m' répond...
Là d'ssus, nous invitons deux femmes comme il faut...
c'est-à-dire comme il en faut... V'là t'y pas qu'en s' donnant
des grâces, Lahure fait craquer les boutons d' ses bretelles
et v'là son pantalon qui lui tombe sur les pieds ; sa danseuse l'entraîne, v'là que Lahure s'allonge tout d' son
long dans la salle, en s' rattrapant après les éperons d'un
cuirassier, qui perd l'équilibre et qui s'aplatit sur Lahure,
qui n'a eu qu' son caleçon un peu décousu, à l'endroit où
il s'était assis d'ssus... Enfin, je r'lève Lahure, j' lui atta-
che son pantalon autour de lui avec ses deux bretelles,
oh! mais, c'était ça. V'là qu' nos danseuses nous demandent à les r'conduire chez elles..., Lahure voulait bien...
mais moi j' dis : Lahure, t'es marié et moi z'aussi, et nous
devons insensiblement respecter le patrimoine conjugal...
T'as raison, qui m' dit, nos épouses vaut cent fois ces deux

chaussettes-là; il voulait dire ces deux *grisettes-là*... Nous sommes repartis en chantant; *oh! mais, c'était ça.* (*Au refrain.*)

> Nous v'là r'venus sur la grand' route,
> Et sans savoir où nous étions;
> Lahure et moi n'y voyaient goutte,
> Plus d' lanternes, plus de lampions.
> A chaqu' pas je r'levais Lahure,
> Qui s'abattait sur ses deux g'noux;
> Et, se rattrapant sa figure,
> Allait s' coller sur les cailloux.

Lahure avait perdu les bretelles qui sout'naient son pantalon, c' qui fait qu'il le t'nait à deux mains. Enfin nous arrivons sur l' boulevard. Lahure m' dit : Entrons-nous au spectacle? J' dis : Ça m' va... Je n' me rappelle pas l' nom de la pièce... *oh! mais, c'était ça;* je n' me' rappelle plus le nom. Tout c' que j' sais, c'est qu'y avait une domestique qu'était accusée d' voler ses maîtres; y avait aussi un oiseau... J' me rappelle plus si c'était *un serin ou un canard;* c' que j' sais, c'est que c't animal d'oiseau était l' voleur... On accuse donc c'te pauvre fille d'être une *roustisseuse* et d'avoir fait sauter d' l'argent'rie fine. Le commissaire de l'endroit, qui s' nomme monsieur *Bailly*, vient trouver la pauv' fille, et il lui dit qu' si elle veut partager son amour, il ne la fera pas arrêter; elle a refusé d'vant moi, *oh! mais, c'était ça.* Alors ce vieux barbon lui dit : Eh bien! puisque tu refuses de m'aimer, j' vas *t' dénoncer, t'arrêter, t' juger, t' condamner et t'exécuter...* En effet, la pauv' fille est condamnée à être *fusillée, oh! mais, c'était ça.* Mais au moment où on va la *pendre,* on découvre toute la vaisselle que c'te crapule de volaille a déposée sur les toits. Tout s' découvre, et on n' la *guillotine* pas. Alors, on sonne une cloche, et tous les paysans accourent pour célébrer la fête que c'te pauv' fille n'a pas été *brûlée...* Mais comme y avait Lahure qui s'était endormi, et qui ronflait à trois francs par tête, un garde est venu poliment nous prier de sortir, *oh! mais, c'était ça.* Si bien qu' moi et Lahure nous nous sommes vus en un clin d'œil dos à dos, assis sur le *macamadame* du trottoir du boulevard, et dans l'humidité. J' crois bien, l' garde nous avait envoyés d'une poussée nous assire près d'une colonne où on..., où on... où on... lit les affiches... *oh! mais, c'était ça. (Au refrain.)*

> Ne voulant pas amasser l' monde,
> J' dis à Lahure : Faut nous r'lever !
> C'est c' qui prouve qu' la terre est ronde
> Et qu' nous pouvons bien dérouler.
> Nous passons d'vant l' salon d' figure,
> Où l'on entre pour ses trois sous.
> Faut nous payer ça, m' dit Lahure,
> Mais n' me lâche pas et sout'nons-nous.

Nous v'là z'entrés, et un monsieur qui était là nous fait l'explication, qu' j'ai eu soin d' bien r'tenir. D'abord, à droite, en entrant, c' qui m'a frappé l' plus, c'était *Henri quatre* embrassant *Lafayette;* ensuite, oh! mais, c'était ça, ensuite la rentrée de Charles dix *dans Sébastopol*, oh! mais, *c'était ça*. Ensuite *Marguerite de Bourgogne* en train d' faire la raie à un *zouave*, oh! mais, c'était ça. Ensuite le *roi Dagobert* trinquant avec un *tambour-maître* de la garde nationale, *oh! mais, c'était ça*. V'là t'y pas qu' pendant que l' *cireux*... m' faisait l'explication d' sa cire, y avait Lahure qui s'amusait à lécher la figure d'une bergère empaillée qu'était d' son côté : cette pauv' femme n'avait plus d' couleur. V'là que l' *cireux* s'en aperçoit. Il veut faire payer une dégradation de figure de bergère à Lahure. Lahure soutient qui n' la embrassée qu' sur les cheveux. Le *cireux* attrape Lahure... *oh! mais, c'était ça*. Lahure attrape l' *cireux;* il oublie qu'il a besoin d' ses deux mains pour t'nir son pantalon : il tombe sur l' *cireux* La bergère, qui n'est pas d'aplomb, tombe sur Lahure. Moi, j' vas pour les séparer ; j'attrape l' *dey d'Alger*, qu'était près de la bergère. Il m' tombe dessus et s' casse en trois... (*avec colère*) le lâche!... On crie : A la garde! on nous conduit au violon, la nuit se passe; on nous fait payer une *bergère* cassée et un *dey d'Alger* démoli, dont j'ai retrouvé le nez dans... (*il fouille dans une poche de derrière*) dans... dans... oh! mais, c'était ça... dans... la poche d' ma redingote... Le voilà! Il m' servira d' modèle, et j' vas en fabriquer à mon compte ; j' n'ai pas besoin d'avance, *j'ai la cire à l'œil*. Et nous sommes r'venus en chantant... (*Au refrain.*)

COURIR DEUX LIÈVRES
CHANSONNETTE
Paroles de M. CONSTANTIN. Musique de J. JAVELOT.

La musique chez A. HURÉ, libraire-éditeur, rue du Petit-Carreau, 14.

Un soir, de la forêt lointaine,
Un vieux chasseur suivait le cours,
Disant, malgré sa soixantaine :
Gibier des bois et des amours
Dans mes filets tombe toujours !
Parmi les filles du village,
Je n'ai vraiment qu'à faire un choix :
Je suis charmant, malgré mon âge,
Et maintenant, comme autrefois,
Je cours deux lièvres à la fois ! (bis.)

Lise possède un teint de rose
Qui lui fait bien des envieux !
Jeanne est une fleur demi-close :
L'une et l'autre ont de si beaux yeux,
Que des deux je suis amoureux !
A l'une et l'autre je veux plaire ;
J'y parviendrai, car je prévois
Qu'en agissant avec mystère,
A moins pourtant d'en avoir trois,
On court deux lièvres à la fois ! (bis.)

Je dis à Jeanne, avec tendresse :
A toi je pense tous les jours.
A Lise je fais la promesse
De n'avoir point d'autres amours :
Tel est le fond de mes discours.
Lorsque seulette je vois Lise,
Je la lutine en tapinois ;
Quand Jeanne vient, je la courtise,
Et tour à tour, en fin matois,
Je cours deux lièvres à la fois. (bis.)

Le vieux chasseur, quand vint la brune,
Les attendit, mais vainement ;
Et ce jour-là, s'il manqua l'une,
Il manqua l'autre également,
Malgré son double empressement.
Toutes deux sortant du feuillage,
Riant alors d'un air narquois,
Vinrent s'offrir en mariage !
Et le chasseur chassé du bois
Perdit deux lièvres à la fois. (bis.)

CHERCHEZ DANS LES NUAGES
ROMANCE
Paroles et Musique de MAURICE BADUEL.

La musique chez A. HURÉ, libraire-éditeur, rue du Petit-Carreau, 14.

Partout je l'ai cherché,
Dans tous les coins du monde,
Sur la terre et sur l'onde.
Où donc s'est-il caché?
Mais tout n'est que mensonge;
Où je vis, où je songe,
C'est le vide du cœur,
Ennui, peine et chagrin, jamais le vrai bonheur!
Je n'ai pu le trouver dans ce monde éphémère;
Crédule humanité,
Vous qui de tous côtés
Le cherchez sur la terre, sur la terre,
Allez vers d'autres plages
Où l'homme ne va pas; } bis
Cherchez dans les nuages,
Mais jamais ici-bas.

Partout je l'ai cherché,
Du sud au nord du Tibre,
Dans chaque pays libre.
Où donc est-il caché?
Dans les bruyantes villes,
Sous les chaumes tranquilles?
C'est une grande erreur.
Les soucis sont partout, jamais le vrai bonheur.
Je n'ai pu, etc.

Partout je l'ai cherché,
Dans toute renommée,
Dans la moindre pensée.
Où donc est-il caché?
Dans la philosophie
Du sage sans envie?
C'est la paix, la douceur,
Le calme de l'esprit, jamais le vrai bonheur.
Je n'ai pu, etc.

Partout je l'ai cherché,
Dans l'amour, dans l'ivresse,
La gloire et la richesse.
Où donc est-il caché?
Dans l'espoir qui nous charme,
Dans les serments de femme?
C'est un rêve menteur,
Une ombre, un feu follet, jamais le vrai bonheur.
Je n'ai pu, etc.

A Madame BLANGY.

LA BAGUE A TELLE

CHANSONNETTE

Paroles de P. MÉRIGOT. Musique de P. BLAQUIÈRE.

La Musique se trouve chez A. HURÉ, libraire-éditeur, à Paris, rue du Petit-Carreau, 14.

Il existe dans ce canton
Un gros fermier que l'on renomme :
Guillaume Telle. Son garçon
Du pays est le plus bel homme.
Chacun le dit très-amoureux,
Le beau fermier Guillaume Telle ;
Comme il est riche et généreux,
Ce n'est pas une bagatelle.
    Ah ! ah ! ah ! ah ! ah ! ah !
C'est la bagaga, c'est la bagatelle.
    Ah ! ah ! ah ! ah !
Ah ! oui, la bagatelle.

Guillaume est un garçon charmant,
Dont l'esprit jamais ne divague.
Un jour il me dit : « Mon enfant,
Je veux t'acheter une bague. »
Puis il vint offrir son cadeau.
Mais je suis sage demoiselle,
Et, lui remettant son anneau,
J'ai refusé la bague à Telle.
    Ah ! ah ! etc.

Or! leéeg re dans le pays;
Cn en pabijou fait envie.
Tout le monde en porte à Paris,
C'est une mode fort jolie.

Depuis le matin jusqu'au soir,
C'est une rage universelle :
Toutes les femmes voudraient voir
La forme de la bague à Telle.
    Ah! ah! etc.

Guillaume parle avec douceur :
Il est facile de comprendre
Qu'il vient pour offrir à ma sœur
Ce que j'ai refusé de prendre.
L'autre soir, il disait tout bas :
« Ma chère, je te trouve belle;
Viens donc te promener là-bas,
Pour essayer la bague à Telle. »
    Ah! ah! etc.

Depuis qu'elle a vu ce trésor,
Ma pet'te sœur perd la tête;
L'effet de cette bague en or
Turlupine un peu la fillette.
Le monde le sait, et pourtant
Chacun voudrait être comme elle,
Pour connaître un petit moment
Ce que c'est que la bague à Telle.
    Ah! ah! etc.

LA CONSULTATION

CHANSON

Par HENRI TURENNE

Air : *Vieux habits! vieux galons!*

— Monsieur le bailli, je vous prie,
Faut-il qu'enfin je me marie?
J'envie le sort des époux.
  — Mariez-vous. (*bis.*)
— Mais les femmes, plus qu'on ne pense,
Sont sujettes à l'inconstance,
Et je crains certains embarras.
  — Ne vous mariez pas. (*bis.*)

— Marié, je veux et j'espère
Avoir le bonheur d'être père,
Et jouir des noms les plus doux.
  — Mariez-vous. (*bis.*)
— Mais si ma femme, hors d'haleine,
D'enfants me donnait la douzaine,
Que faudrait-il faire en ce cas?
  — Ne vous mariez pas. (*bis.*)

— Elisa, charmante brodeuse,
En me voyant toujours joyeuse,
Me fait sans cesse les yeux doux.
  — Mariez-vous. (*bis.*)
— Mais une fois dans son ménage,
Avec son cousin fort peu sage,
Je crains qu'elle fasse un faux pas.
  — Ne vous mariez pas. (*bis.*)

— Douce et blanche comme une biche,
Chez elle il n'est rien de postiche :

De ses attraits je suis jaloux.
— Mariez-vous. (*bis*.)
— Mais quelle serait ma tristesse
Si cette si belle maîtresse
Tout à coup perdait ses appas !
— Ne vous mariez pas. (*bis*.)

— Toujours d'une humeur agréable,
C'est une femme fort aimable,
Son caractère est des plus doux.
— Mariez-vous. (*bis*.)
— Je crains que, trompant mon attente,
Elle soit jalouse et méchante;
Je la battrais à tour de bras.
— Ne vous mariez pas. (*bis*.)

— Tenez, bailli, je me résigne :
Élisa possède une vigne,
Une maison et des bijoux.
— Mariez-vous (*bis*.)
— Avec elle, en ce mariage,
J'aurai le bonheur en partage,
Son amour et tous ses appas.
— Ne la refusez pas. (*bis*.)

LE DROIT DU CHATELAIN DE BÉTHIZY
CHANSONNETTE HISTORIQUE
Par PAUL DE KOCK

Air de la *route de Besançon* (Lagard)

Dans le bon vieux temps, maint usage
Attestait les droits du seigneur ;
Droits de cuissage et de jambage
Etaient alors fort en vigueur.
Parmi ces usages très-drôles,
Ecoutez un peu celui-ci,
Que j'ai trouvé sur les contrôles
Du châtelain de Béthizy.

Lorsque passait dans son domaine
De ces filles au doux minois,
Que le plaisir souvent entraîne,
Qui de l'amour suivent les lois,
Il fallait qu'alors la petite
Allât, sans marquer nul souci,
Payer quatre deniers, bien vite,
Au châtelain de Béthisy.

Quatre deniers ! allez-vous dire,
Ce n'est là qu'un droit fort petit.
Pour moi, je trouve que le sire
Devait en tirer grand profit.
Songez donc que toute amourette
Etant par là taxée aussi,
On enflait souvent la cassette
Du châtelain de Béthisy.

De crainte que par quelques belles
L'usage ne fût oublié,
Le seigneur guettait toutes celles
Qui n'avaient pas encor payé.
Surveillant chaque tête-à-tête,
Que de choses il vit ainsi !...
Il n'était vraiment pas si bête,
Le châtelain de Béthizy.

Chez nous, si l'on voyait les filles
Pour un faux pas payer encor,
Nos Françaises sont si gentilles,
Qu'elles grossiraient le trésor !
Pour moi, content de mon salaire,
Je serais riche, Dieu merci !
Si dans Paris je pouvais faire
Le châtelain de Béthizy.

Il n'est plus là

Air : *Je pars demain* (de Marie).

Il n'est plus là, celui que deux années
Auprès de moi le plaisir rappela ;
Adieu, serments d'unir nos destinées !
Adieu, beaux jours ! époques fortunées !
    Il n'est plus là.

Il n'est plus là ; pourtant dans la souffrance
Plus d'une fois ma voix le consola !
Lui qui n'était heureux qu'en ma présence,
Qui maudissait les heures de l'absence...
    Il n'est plus là.

Il n'est plus là... l'amour ailleurs l'engage,
L'amour !... son cœur ne connaît pas cela !
Vous qui charmez maintenant le volage,
Un jour aussi vous direz, je le gage,
    Il n'est plus là.

            PAUL DE KOCK.

ÉCRIRE FRANCO

A. HURÉ, libraire-éditeur, à PARIS
14, RUE DU PETIT-CARREAU, 14.

Seul propriétaire des chansons contenues dans l'Album du Gai chanteur.

(Reproduction complètement interdite.)

Paris. — Typ. Beaulé, 10, rue Jacques de Brosse.

LES
ÉCOLIERS DE PONTOISE

SCÈNE COMIQUE

Paroles et Musique de MARC CONSTANTIN.

La Musique se trouve chez **A. HURÉ**, libraire-éditeur, à Paris,
rue du Petit-Carreau, 14.

BREDOUILLARD *et* ANATOLE.

Ah ! quelle chance, ah ! quel plaisir
Quand les vacances vont revenir !
Bravo, bravo, bravo,
Brava, brava, brava !
Voilà le vrai bonheur,   } *bis.*
Le vrai bonheur est là !

ANATOLE.

Oui, c'est demain, sur ma parole,
Car nous voici de grands garçons,
Que nous sortirons de l'école
Si nous savons bien nos leçons !

BREDOUILLARD.

Que veux-tu que je dise aux maîtres
Qui viendront demain m'appeler ?
Tout au plus si je sais mes lettres :
Je ne sais encor qu'épeler.

ANATOLE. — Ça, c'est vrai !... tu ne sais pas encore distinguer un O d'un Z. Il est vrai qu'il n'y a pas tout à fait huit ans que tu apprends à lire.

BREDOUILLARD. — Et je ne peux pas lire un seul mot couramment !

ANATOLE. — Voyons, mon brave Bredouillard, il serait temps d'apprendre nos leçons ; allons, prends ton livre, ton alphabet. Il me semble déjà voir le maître avec son bonnet de coton en soie noire et ses lunettes vertes : — Avancez ici, Bredouillard, et si vous voulez ne pas être puni...

Album du Gai chanteur.   5ᵉ vol. 97ᵉ liv.

BREDOUILLARD, *épelant*. — O, B, I, C.

ANATOLE. — Tiens! juste comme il te dira. Voyons, Bredouillard, à quelle époque le monde a-t-il été créé?

BREDOUILLARD, *épelant*. — C, T, I, R.

ANATOLE. — Comment, c'était hier!... Ah! j'oubliais qu'il apprenait ses lettres! Voyons, qu'est-ce que c'est que Minerve, par exemple?

BREDOUILLARD, *épelant*. — L, L, A, D, S.

ANATOLE. — La déesse de la Sagesse!... Ce diable de Bredouillard est très-savant, sans s'en douter!... Et quelle était la femme de Ménélas, roi de Sparte?

BREDOUILLARD, *épelant*. — L, N.

ANATOLE. — Mais il a réponse à tout!... Ce que c'est que le hasard!

BREDOUILLARD, *épelant*. — L, N, F, X, É, O, P, Y, L, I, A, V, Q, É, V, G, T, E, I, A, D, C, D.

ANATOLE. — Fort bien! très-bien!... Cet alphabet est un puits de science!

BREDOUILLARD, *épelant*. — L, I, A, H, T, D, K, K, O.

ANATOLE. — Ah! doucement, je vous arrête. Le cacao n'a été découvert qu'avec l'Amérique, et vous n'avez pas l'air d'avoir inventé la poudre.

BREDOUILLARD, *épelant*. — G, S, É, I, É.

ANATOLE. — Vous avez essayé, mais ça n'a pas réussi, à ce qu'il paraît!... N'importe, Bredouillard, vous méritez le premier prix de mathématiques.

BREDOUILLARD. — Bravo!... Et nous aurons *campo?*

ANATOLE. — Eh! parbleu!

BREDOUILLARD *et* ANATOLE.

Ah! quelle chance, etc.

ANATOLE.

Passons à la géographie,
Ajouteront les professeurs;
Puis à la trigonométrie,
Car ici les Muses sont sœurs!

BREDOUILLARD.

Si tu crois que cela m'amuse,
Ah! tu te trompes joliment!
Car moi je n'aime, en fait de Muse,
Je n'aime que l'amusement.

ANATOLE. — Bredouillard, je te l'ai déjà dit, tu finiras par devenir...

BREDOUILLARD, *épelant*. — E, B, T.

ANATOLE. — Juste! hébété; tu l'as dit sans le vouloir. — Voyons, attention, va te dire le professeur. Quel est le premier roi de France?

BREDOUILLARD, *épelant*. — C, T, L, O, A, K, D.

ANATOLE. — Comment, c'était Éloi!... Quel âne!... On n'en fera jamais rien!... Et son père qui veut le mettre dans le barreau!... C'est sans doute dans le barreau de chaise!

BREDOUILLARD, *épelant*. — I, S.

ANATOLE. — Yès!... Bon, voilà qu'il parle anglais, à présent!... Demain tu seras au pain sec, c'est sûr! et tu n'auras que...

BREDOUILLARD, *épelant*. — B, K, C, H, I.

ANATOLE. — Oui, on t'en donnera, des bécasses et du hachis!

BREDOUILLARD, *épelant*. — S, A, C.

ANATOLE. — Non, ce n'est pas assez!... Mon pauvre Bredouillard, tu ne seras jamais qu'une...

BREDOUILLARD, *épelant*. — O, A.

ANATOLE. — Oui, une oie, tu l'as dit!... Et je plains tes parents, qui dépensent leur argent pour te faire apprendre quelque chose!

BREDOUILLARD, *épelant*. — C, P, I, É.

ANATOLE. — Si c'est payé, raison de plus! Ta tête est un véritable...

BREDOUILLARD, *épelant*. — K, O.

ANATOLE. — Oh! oui, le cahos!... Heureusement que...

BREDOUILLARD, *épelant*. — G, R, I, T.

ANATOLE. — Ah! si tu as hérité, tu peux t'aller promener.

BREDOUILLARD, *épelant*. — J, V.

ANATOLE. — C'est cela, allons-y gaiement!

BREDOUILLARD, *jetant son livre* — Ma foi, oui!... et si je ne peux apprendre à lire... je me ferai écrivain public!

BREDOUILLARD *et* ANATOLE.

Ah! quelle chance, etc.

ANATOLE.

Rien ne peut entrer dans ton crâne,
Malgré ta bonne volonté;
On te mettra le bonnet d'âne,
Et tu l'auras bien mérité!

BREDOUILLARD.

Mon cher ami, tu m'émerveilles ;
De ce bonnet je fais grand cas ;
Car si ça tient chaud aux oreilles,
Ma foi, je ne m'en plaindrai pas !

ANATOLE. — C'est prendre son parti en brave !... Mais, au moins, sais-tu tes leçons par cœur ?

BREDOUILLARD. — Oui, si on me les souffle.

ANATOLE — Voyons, récite-moi ta géographie.

BREDOUILLARD. — La géographie ?... Quatre fois quatre font... treize ; six fois six font... soixante-douze.

ANATOLE. — Très-bien ! Passons à l'arithmétique.

BREDOUILLARD. — Londres, la capitale de l'Italie, est située dans une île déserte...

ANATOLE. —Parfait ! Tâtons un peu de l'histoire romaine.

BREDOUILLARD. — Christophe Colomb, qui découvrit l'Amérique huit cents ans avant Jésus-Christ...

ANATOLE. — Ah ! ça, mais tu es très-fort !... Tu ne me disais pas ça !... Et connais-tu un peu d'astronomie ?

BREDOUILLARD, *très-vite*. — Ça, c'est par où je brille !... Le fond de la mer est un composé de laves brûlantes qui s'élèvent sur nos rivages et y font croître des arbres magnifiques.

ANATOLE. — Continue.

BREDOUILLARD. — Ces arbres magnifiques sont dévorés par des requins voraces, en si grand nombre dans les montagnes de Tartarie, que les bécasses chantent au soleil levant pour célébrer le coucher de cette planète.

ANATOLE. — Ah ! ça, où diable as-tu pris...

BREDOUILLARD, *continuant*. — C'est pourquoi les Carthaginois, ayant fait la conquête de Pontoise...

ANATOLE, *criant*. — Assez, misérable, assez !... C'est toi qui en reviens, de Pontoise... et qui auras demain son petit *exeat*.

BREDOUILLARD. — Ah ! tant mieux !

ANATOLE. — Oui, pour les professeurs, car tu ne rentreras pas de sitôt .

BREDOUILLARD. — Tiens, et pourquoi ?

ANATOLE. — Parce que tu as déjà le talent d'un avocat et la science d'un académicien... de Pontoise !

BREDOUILLARD *et* ANATOLE.

Ah ! quelle chance, etc.

L'AMOUR ET LE DIABLE

CHANSON

Par PAUL DE KOCK.

Air : *Une heure de mariage,*
ou : *Ne vois-tu pas, jeune imprudent.*

On prétend qu'avec Lucifer
L'amour a des intelligences,
Et que chez le diable, en enfer,
Il a souvent des conférences.
Ces deux méchants, quittant leur cour,
Font sur terre maint tour pendable,
Et l'on dit même que l'amour,
Quelquefois, ne vaut pas le diable.

N'attendez d'eux nulle pitié ;
Partout il leur faut des victimes ;
Sous le masque de l'amitié,
Parfois l'amour commet des crimes ;
Le démon, qui craint le grand jour,
Dans la nuit vient faire l'aimable ;
On croit ne céder qu'à l'amour,
Et souvent on se donne au diable.

Jeunes filles, craignez l'amour ;
Pauvres maris, craignez le diable ;
C'est le cœur qu'attaque l'amour,
C'est le corps qu'attaque le diable ;
Mais enfin, s'il faut à son tour
Que chacun de nous soit coupable,
Soyons-le tant avec l'amour,
Qu'il ne reste rien pour le diable.

LES LILAS BLANCS

MÉLODIE

Paroles de PH. GILLE. Musique d'E. POIGNÉE.

La Musique se trouve chez A. HURÉ, libraire-éditeur, à Paris,
rue du Petit-Carreau, 14.

Elle avait dit qu'à cette place
Je la reverrais au printemps,
Lorsque le froid hiver s'efface
A votre ombre, ô mes lilas blancs !
Les nids sont dans vos branches vertes,
J'ai senti vos parfums connus,
Vos blanches fleurs se sont ouvertes,
Mais seuls nous sommes revenus !
Restez encor quelques instants,
Avec vous nous parlerons d'elle ;
Nous la maudirons, l'infidèle :
Restez encor, ô lilas blancs !   (*bis*.)

Pour elle, un jour, ma main osée
Prit un de vos panaches blancs,
Où goutte à goutte la rosée
Avait semé ses diamants !
Comme des perles répandues,
A ses pieds je les vis rouler.
Puissent, ainsi qu'elles perdues,
Les larmes de ses yeux couler !
Restez encor quelques instants,
Avec vous nous parlerons d'elle ;
Nous la maudirons, l'infidèle :
Restez encor, ô lilas blancs !   (*bis*.)

Bientôt finira votre année ;
Blancs lilas, il vous faut partir !
Votre fleur peut être fanée,
Puisqu'elle ne doit plus venir.
Peut-être à la saison prochaine,
Lilas, verrez-vous son retour !
Dites-lui mon oubli... ma haine ;
Dites-lui surtout mon amour.
Refleurissez, c'est le printemps,
Et l'oiseau chanteur vous appelle ;
Embaumez la saison nouvelle,
Refleurissez, ô lilas blancs !   (*bis*.)

JE VOUS EMMÈNE
A CHARENTON

CHANSON.

Paroles de Ch. COLMANCE. Musique de J. JAVELOT

La Musique se trouve chez **A. IHUREÉ**, libraire-éditeur, à **Paris**, rue du Petit-Carreau, 14.

On peut aussi chanter cette chanson sur l'air : *Les femmes ont, dans la province.*

Allons ! pour la fête aux Carrières,
Qui monte dans mon char-à-bancs ?
Dès qu'il aperçoit les barrières,
Mon cheval prend le mors aux dents ;
J'entasse tout, belle ou vilaine,
Gras, fluet, géant, avorton ;
Mais dès que ma brouette est pleine,
Je les emmène à Charenton.   *(bis.)*

J'embauche une beauté replète,
Un mastodonte, un éléphant ;
Son nez est bleu, sa gorge est blette,
Et ses mains sentent le hareng.
— Cocher ! je vais à La Varenne.
— Mais auparavant, mon fiston,
Je veux me laver dans la Seine...
Je vous emmène à Charenton.   *(bis.)*

— Conducteur, je vais à la pêche.
Alerte ! le poisson m'attend ;
Prends mon équipe, allons, dépêche !
Prends mon filet, mon ver, mon sang.
Pourrais-tu, sans que ça te gêne,
Placer mon pépin, mon bâton
Et des vivres pour ma semaine ?
— Je vous emmène à Charenton.   *(bis.)*

Je vois accourir en jaquette
Un amour de petit troupier ;
Le poli de sa baïonnette
Témoigne son instinct guerrier.
— Allons, cocher, vite à Vincenne,
Me dit-il en haussant le ton,
Ou je te crève la bedaine !
— Je vous emmène à Charenton.   (*bis.*)

J'avise une particulière
Dont je fus le chéri jadis ;
En me revoyant, elle espère
Voyager et dîner gratis.
Parbleu, quelquefois je promène
Rose, Cocotte ou Jeanneton,
Mais quant à vous, ma chère Hélène,
Je vous emmène à Charenton.   (*bis.*)

Bref, mon véhicule est l'asile
Des gens aux cerveaux déraillés,
Mais pour eux nous avons en ville
La villa des Cocos fêlés.
Les imbéciles me font peine ;
Mais le sot, le fou, le glouton,
L'intolérant, l'énergumène,
Je les emmène à Charenton.   (*bis*)

LE
COMTE ORY

CHANSON PICARDE.

La Musique se trouve chez **A. HURÉ**, libraire-éditeur, à Paris, rue du Petit-Carreau, 14.

Le comte Ory disait, pour s'égayer,
Qu'il voulait prendre le couvent de Farmoutier
Pour plaire aux nonnes et pour les désennuyer.

Le comte Ory, châtelain redouté,
Après la chasse n'aimait rien que la gaîté,
Que la bombance, les combats et la beauté.

— Holà! mon page, venez me conseiller:
L'amour me berce et je ne puis sommeiller;
Comment m'y prendre pour dans ce couvent entrer?

— Sire, il faut prendre quatorze chevaliers,
Et tous en nonnes il faut les habiller;
Puis, à nuit close, à la porte aller heurter.

Ory va prendre quatorze chevaliers,
Et tous en nonnes Ory les fait habiller;
Puis, à nuit close, à la porte ils vont heurter.

— Holà! qui frappe, qui mène un si grand bruit?
— Ce sont des nonnes, et qui ne vont que de nuit;
Qui sont en crainte de ce maudit comte Ory.

Survient l'abbesse les yeux tout endormis.
— Soyez, mesdames, bienvenues en ce logis;
Mais comment faire? où trouver quatorze lits?

Chaque nonnette, d'un cœur vraiment chrétien,
Aux étrangères offre la moitié du sien...
— Soit, dit l'abbesse, sœur Colette aura le mien.

La sœur Colette, c'était le comte Ory,
Qui, pour l'abbesse, d'amour ayant appétit,
Dans sa peau grille de trouver la pie au nid.

Fraîche, dodue, œil noir et blanches dents,
Gentil corsage, peau d'hermine et pieds d'enfants;
La dame abbesse ne comptait pas vingt-cinq ans.

Au lit ensemble, tous les deux bien pressés...
—Ah! dit l'abbesse, ciel! comme vous m'embrassez...
— Vrai Dieu, madame, peut-on vous aimer assez?

— Ah! sœur Colette, qu'avez bien le cœur bon!...
Mais, sœur Colette, qu'avez bien rude menton!...
— Parbleu, madame, ainsi mes compagnes l'ont.

— Toutes mes nonnes, venez me secourir;
Croix et bannière, l'eau bénite allez quérir,
Car je suis prise par ce maudit comte Ory.

— Ah! dame abbesse, vous avez beau crier;
Laissez en place croix, bannière et bénitier,
Car chaque nonne est avec son chevalier.

La pauvre abbesse, après un plus grand cri,
Sans voir de nonnes, n'espérant plus de merci,
Prit patience avec sœur Colette aussi.

Neuf mois ensuite, vers la fin de janvier,
L'histoire ajoute, comme un fait singulier,
Que chaque nonne fit un petit chevalier.

LE SOLEIL
LUIT POUR TOUS

CHANSONNETTE.

Air : *Voilà les plaisirs du village*.

J'ai, mes amis, croqué mon bien
Jusques à ma dernière obole,
Et maintenant que je n'ai rien,
Je ne crains pas que l'on me vole !
Adieu, salons, où des méchants
Se déchirait la race immonde !
A moi les fleurs, l'air et les champs !
Le soleil luit pour tout le monde.

Ses rayons d'or, mieux qu'un bûcher,
L'hiver raniment tout mon être ;
Et dans l'été je vais chercher
L'ombre des arbres qu'il fit naître.
Que Diogène avait raison,
Au fond de sa machine ronde,
De n'avoir pas d'autre maison !
Le soleil luit pour tout le monde.

Tout près du ciel est mon grenier ;
Là, des oiseaux le chant m'éveille ;
Et comme un sylphe printanier,
Lisette est l'ange qui me veille ;
Son doux regard que j'aime tant
Veut qu'à son cœur le mien réponde ;
C'est mon soleil qui, cependant,
Ne luira pas pour tout le monde.

Je vis content, au jour le jour,
Buvant l'eau claire de la Seine ;
J'ai pour jardin le Luxembourg
Et tout Paris pour mon domaine ;

Pour égayer mon horizon
J'adore la brune ou la blonde;
Et, comme enfin je suis garçon,
Le soleil luit pour tout le monde.

Le gaz luit pour les boutiquiers,
Le suif pour les petits ménages,
L'huile à carcel pour les rentiers,
La résine pour les sauvages;
La cire enfin, dans les salons,
Assez souvent veut qu'on l'émonde;
Mais dans le ciel où nous irons,
Le soleil luit pour tout le monde.

Marc CONSTANTIN.

ÉCRIRE FRANCO

A. HURÉ, libraire-éditeur, à Paris
14, RUE DU PETIT-CARREAU, 14.

Maison spéciale pour toutes les Publications en Musique petit format, à **20, 25, 40, 50** et **60** centimes net

.Commissions pour la province

Éditeur de la collection populaire

LES SUCCÈS

Cette collection renferme le choix le plus varié de Romances, Chansons, Chansonnettes, Scènes comiques et Duos. **525** livraisons sont en vente.

PRIX DE LA LIVRAISON : **20 cent.**, RENDUE FRANCO

Le Catalogue de cette collection sera adressé *franco* aux personnes qui en feront la demande par lettre affranchie.

Paris Typ Beaulé, rue Jacq. de Brosse, 10

UN RHUBE DU CERBEAU

SCÈNE COMIQUE*

Paroles de Charles COLMANCE. Musique de M. LASSIMONNE.

La Musique se trouve chez A. HURÉ, libraire-éditeur, à Paris, rue du Petit-Carreau, 14.

REFRAIN

Mon Dieu ! quel nez,
Quel fichu nez
Dame Nature m'a donné !
Depuis si longtemps que ça dure,
Tout le monde en est étonné.
Dans la chaleur, dans la froidure,
Le temps froid, sec, humide ou beau,
Je suis *enrhubé du cerbeau.*   (bis.)

Le nez est un sot instrument,
Une protubérance informe ;
Ridicule, s'il est trop grand,
Et, s'il est trop petit, difforme ;
Trop gros, il donne un air fâché ;
Mince, il fait grimacer la bouche ;
De plus, sitôt qu'il est bouché,
Il devient urgent qu'on le *bouche.*

Le *bien* (mien) a été cause de bien de *baux* (maux), témoin mon mariage avec Herminie. Quand je fis sa connaissance, c'était une naïve et timide jeune fille. — Mademoiselle ! lui exclamai-je un jour, je vous aime bigrement,

* Prononcer une grande partie des M et quelques V comme B et les N comme D.

Album du Gai chanteur.   5ᵉ vol., 98ᵉ liv.

pour toutes sortes de motifs, et particulièrement pour le bon. — Adressez-vous à maman, qu'elle répond. — Ah! Que fait-elle, madame votre mère? — Cantinière au deuxième canonniers, à Vincennes, escalier B, la porte à droite; mais je vous préviens qu'elle n'est pas facile. — Eh bien! nous parlerons au papa. — Impossible, maman est veuve. — Ah! elle a perdu son *baril* (mari)? — Mais, vous vous trompez, elle l'a toujours, son baril. — Je veux dire son époux; et, quand je serai le vôtre, je ferai tout pour vous plaire; si vous ne vous plaisez pas à la ville, nous irons à la campagne, *labourer* (l'amour et)... — Mais je n'entends pas labourer, moi! — L'amour et le bonheur nous y suivront dans nos moments de loisir; nous *boissonnerons* (moissonnerons); après la *boisson*, nous irons aux champs, vous aurez des *boutons* (moutons); d'abord, pour être entièrement à vous, je quitterai tous mes *habits* (amis). — Mais, savez-vous que c'est indécent ce que vous dites-là. — Je veux dire mes connaissances; ah! mademoiselle, vous pensez toujours au *bal* (mal). — Mais certainement que j'y pense; est-ce que vous m'empêcherez de danser, par hasard? — Mais non, au contraire; c'est mon rhume qui fait ça; ce n'est pas mon cœur qui parle, c'est mon nez!... Ah! polisson d' pif! va. (*Au refrain.*)

> Enfin, le camphre et la saison,
> Après quelque temps, me guérirent;
> Herminie entendit raison,
> Et les grands parents nous unirent;
> Le propre jour de mon hymen,
> J'héritai d'un rhume précoce;
> Forcé d'assister au festin,
> Dieu sait si j'étais à la noce!

Elle était cependant belle, la noce, et tous gens huppés: deux grenadiers de la garde, un trombone de carabiniers, un infirmier major, une clarinette, enfin une société choisie. Par exemple, les dames n'étaient pas en majorité; la tante Gadiche et sa petite nièce étaient chez la cousine Namette, dangereusement malade d'un compère loriot; quant à la demoiselle d'honneur, elle était partie voir son mioche en nourrice; mais, c'est égal, on s'est bien amusé; et puis, nous avions un amour de repas, trois sortes de potages: consommé, julienne, et panade pour la mariée;

puis du mouton aux épinards, du macaroni, des mendiants, des marmelades, toutes bonnes choses. Cependant la belle-mère faisait la mine. — Qu'est-ce que vous avez donc, maman? Est-ce que vous n'avez pas *d'idée* (dîné)? — J'en a plus qu' vous, clampin, qu'elle me fait. — C'est que vous avez la figure *borne* (morne). — Borne vous-même, mon gendre. — Voyons, maman, ma femme et moi désirons que vous acceptiez quelque chose de *doux* (nous). — Tu sais bien que je n' bois qu' du raide, imbécile. — Ah! belle-mère, *pas d' baudets placés* entre nous (pas d' mots déplacés entre nous). — Pour achever la sauce, le bal a manqué; mon oncle Moignon, cuisinier aux Invalides, s'est cassé la jambe en accrochant son chapeau à trois *cordes* (cornes), une jambe toute neuve, en bois d'hêtre. Moi, voyant ça, je m'écrie : Messieurs et mesdames, à défaut de polka, je vais vous chanter une petite romance que j'ai improvisée depuis huit jours... — Ah! bravo! bravo! cria l'assemblée. Alors je commençai :

A mon épouse.

O vous qui reçûtes les *bœufs* (vœux)
D'un époux à l'âme brûlante,
Vous qui serrâtes de doux *dœux*, (nœuds),
Vous avez comblé mon attente.
Vous qui formâtes son esprit,
Vous qui lessivâtes ses langes,
Vous qui bassinâtes son lit,
Que vous méritez de louanges! (*bis.*)
(*Au refrain.*)

J'ai consulté, pour me guérir,
L'homéopathe et la pratique;
J'ai tâté, sans plus réussir,
Beaujon, Lamouroux, la Clinique.
Pour moi, grâce à cet agrément,
Je puis faire une promenade,
Le jour, en homme bien portant,
Et l'après-dîner, en *ballade* (malade).

Pareille chose m'est arrivée dans une circonstance bien grave : c'était au baptême de mon deuxième né; je voulus, avant son départ pour l'allaitement, lui faire entendre le premier acte de ma tragédie du *Siége de Troie*. Le lieu était parfaitement disposé pour cette solennité : l'alcôve simulait la scène; à droite du spectateur, la barcelonnette de mon présomptif; à gauche, .. .able de nuit; au fond, l'accouchée, dans son lit, entourée de sa garde, remplissant en même temps les fonctions de souffleur. J'avais confié mon premier rôle à la marraine, blanchisseuse chez Bobino, et qui a l'habitude de la *scène;* mais c'était son jour de couler. Voyant mon embarras, ma noble épouse me dit: Ma *binette* (minette), ne te désole pas, je vais la remplacer, le rôle à la main. Fort de cette décision, je me drapai dans mes rideaux perse, et je débutai ainsi :

Pour protéger ses murs la cité me réclame;
Les dieux l'ont ordonné, je viens vers vous, madame.
Si, de leurs défenseurs, vos pénates sont bœufs (le souffleur) œufs
J'amène mes guerriers et cent charriots *d'œufs.*   neufs
Eh quoi! vous fléchissez! N'êtes-vous donc *pas raide? pas reine*
Aux yeux de vos sujets vous êtes grande, *et laide.*   *Hélène*

Ici, je me précipitai à ses pieds, c'est-à-dire aux pieds du lit, et je continuai :

Parmi tant de héros qui briguent *votre bain,*   *votre main*
Achille est un géant, et Nicodème *un daim;*   *un nain*
Mais vous avez, des Grecs, su dévoiler les ruses,
Vénéré Jupiter et fréquenté *les buses;*   *les muses*
Vous avez, pour me plaire, écarté vingt *ribauds,*   *rivaux*
Et moi, pour vous venger, j'ai quitté mes vaisseaux.
Tout arrêt du destin doit venir en *sondeur.*   *son heure*
Le fils d'Agamemnon dans mon palais *de beurre,*   *demeure*
Et, pour l'assassiner, nous croyant endormis,
Ménélas envoya trois soldats *et demi!*   *ennemis*

Ici, tout le monde sanglota, mon héritier lui-même poussa un vagissement; je ne pus entendre pleurer cet agneau sans *bêler* (mêler) un pleur aux siens, et je continuai :

Mais je lui répondis par le glaive et les haches.
Et puis, qu'ai-je aperçu sur le plancher des *(il éternue)* tâches?
Du sang!... toujours du sang!... le sol en est noirci!
Et leurs plus grands héros se rendent à *(il éternue) berci.* *merci*

(Il continue d'éternuer et reprend le refrain.)

LE COUP DU MILIEU

CHANSON DE TABLE

Air du *Petit matelot*, ou : *les Anguilles et les jeunes filles*.

Nos bons aïeux aimaient à boire,
Que pouvons-nous faire de mieux ?
Versez, versez, je me fais gloire
De ressembler à mes aïeux.   (*bis.*)
Entre le chablis que j'honore,
Et l'aï dont je fais mon Dieu,
Savez-vous ce que j'aime encore ?
C'est le petit coup du milieu.

Je bois quand je me mets à table,
Et le vin m'ouvre l'appétit ;
Bientôt ce nectar délectable
Au dessert m'ouvrira l'esprit.
Si tu veux combler mon ivresse,
Viens, Amour, viens, espiègle dieu,
Pour trinquer avec ma maîtresse
M'apprêter le coup du milieu.

Ce joli coup, chers camarades,
A pris naissance dans les cieux.
Les dieux buvaient force rasades,
Buvaient enfin comme des dieux ;
Les déesses, femmes discrètes,
Ne prenaient point goût à ce jeu ;
Vénus, pour les mettre en goguettes,
Proposa le coup du milieu.

Aussitôt cet aimable usage
Par l'amour nous fut apporté ;
Chez nous son premier avantage
Fut d'apprivoiser la beauté.
Le sexe, à Bacchus moins rebelle,
Lui rend hommage en temps et lieu,
Et l'on ne voit pas une belle
Refuser le coup du milieu.

Buvons à la paix, à la gloire,
Ce plaisir nous est bien permis ;
Doublons les rasades pour boire
A la santé de nos amis ;
De Momus, disciples fidèles,
Buvons à Panard, à Chaulieu ;
Mais pour la santé de nos belles,
Réservons le coup du milieu.

MA CHAMBRETTE

CHANSONNETTE

Paroles de MORGNY. Musique de M. LASSIMONNE.

La Musique se trouve chez A. HURÉ, libraire-éditeur, à Paris, rue du Petit-Carreau, 14.

Je vous dirai que ma chambrette
Est près de celle d'un garçon ;
Souvent nous faisons la causette,
Mais c'est à travers la cloison.
Il m'aime, sans oser le dire :
Je feins d'ignorer son secret.
Sur nous, certes, l'on peut médire ;
Dieu sait pourtant s'il est discret !   (*bis.*)

Au mur, dès que l'aube se lève,
Il frappe ; et son premier refrain,
Du sommeil, notre unique trêve,
En riant m'annonce la fin.
Il me dit : Bonjour ! ma voisine...
Dans ce bonjour perce un regret.
Pauvre voisin !... je m'imagine
Qu'il voudrait être moins discret.   (*bis.*)

Lors, pour égayer nos demeures
Qu'assiége souvent le souci,
Nous causons, oubliant les heures,
Plaisir, bonheur, amour aussi.
Le sommeil nous fait faire trêve,
Et chacun, de notre chevet,
Nous nous souhaitons un beau rêve.
O doux sommeil ! soyez discret.   (*bis.*)

Au travers de notre muraille,
Faite de planches et de papier,
Parfois nous nous livrons bataille,
Au risque de la défoncer.
D'un tel malheur, par aventure,
Si vous surprenez le secret,
N'en dites rien, je vous conjure,
Mon cher voisin est si discret !   (*bis.*)

PARODIE
DE LA
PREMIERE IDÉE

Par Justin Bouisson.

Air : *La première idée*.

La première idée est toujours la bonne,
Conte une chanson que je dirais bien,
N'était que ma voix, quand je la chantonne,
Fait crisper les nerfs de tout musicien.
Or, cette chanson ne démontre rien :
Son refrain radote ; écoutez le mien. (*bis.*)
La première idée est-elle la bonne ?
    Non, mon cher Bastien,
    Le diable la donne. (*bis.*)
    Bien fou qui s'y tient !

J'étais sur le point d'aimer Caroline,
Sa beauté brillait dans toute sa fleur ;
Son air éveillé, sa grâce lutine
S'alliaient chez elle avec sa candeur.
Caroline, hélas ! par bonté de cœur,
De tout soupirant faisait le bonheur. (*bis.*)
    La première idée, etc.

Je vois chez Bullier une étudiante :
Me voilà toqué de son pied mutin.
Elle a dents d'émail, poitrine saillante,
Croupe qui résiste et peau de satin.
On dit qu'Amanda fait chaque matin
Sa gorge, ses dents, sa croupe et son teint. (*bis.*)
    La première idée, etc.

Pour une ou deux nuits d'Emma la danseuse,
J'offre un souper fin et dix pièces d'or.
La nymphe sourit, fait la dédaigneuse :
J'apporte un talma, nous sommes d'accord.
J'apprends qu'un gandin, qu'elle avait encor,
Est entre les mains du docteur Ricord.   (*bis.*)
    La première idée, etc.

Je suis tout de feu pour une comtesse,
Bégueule et confite en dévotion.
Pour faire ma cour, je vais à la messe,
Je m'abonne au *Monde* et lis l'*Union*.
Quand je fais ainsi ma conversion,
Ma sainte se damne avec un lion.   (*bis.*)
    La première idée, etc.

Je rencontre un soir, sortant d'un office,
Une humble ouvrière au maintien pieux ;
Rien de plus naïf, rien de plus novice :
C'est, me dis-je, un ange exilé des cieux.
Mon Dieu, qu'ai-je appris ? Mon ange aux doux yeux
A fait un moutard... et peut-être deux.   (*bis.*)
    La première idée, etc.

Las d'être garçon, je vais prendre femme.
Berthe, pour sa dot, n'a pas un écu.
N'importe ! j'aurai sa première flamme,
J'aurai ce qu'encor je n'ai jamais eu.
Si j'eusse épousé, je suis convaincu
Qu'après comme avant j'eusse été... *connu*.   (*bis.*)
La première idée est-elle la bonne?
      Non, mon cher Bastien,
    Le diable la donne.   (*bis.*)
    Bien fou qui s'y tient !

LAISSEZ-VOUS FAIRE
CHANSONNETTE
Par **PAUL DE KOCK**.

Ici-bas, chacun suit ses goûts :
Laissez-vous faire est ma devise.
A plus d'une belle, entre nous,
Je crois aussi l'avoir apprise.
Dans le monde, pour parvenir,
Résister n'est pas d'ordinaire;
Le moyen de tout obtenir
Est souvent de se laisser faire.

Jeune fille à peine a seize ans
Que son cœur s'émeut et s'agite;
Lui tient-on des propos galants,
Elle rougit, son sein palpite;
Rien n'est si joli que l'amour.
Or, comme on ne peut s'y soustraire,
Quand un amant vous fait la cour,
Jeunes filles, laissez-vous faire.

Claude, en sortant de son endroit,
Savait, dit-on, à peine écrire;
Mais Claude se tenait bien droit,
Il avait un joli sourire;
Une intrigante le poussa,
A plus d'une belle il sut plaire,
Et s'il parvint, s'il amassa,
C'est que Claude se laissa faire.

Les dieux mêmes nous ont appris
A tenir ce tendre langage.
Que dit le dieu Mars à Cypris?
Que dit Ixion au nuage?
Que répète encore Apollon
Quand Daphné fuit le téméraire?
A Psyché que dit Cupidon?
C'était toujours : « Laissez-vous faire. »

Être content de son destin,
C'est la bonne philosophie;
S'il faut partir, un beau matin,
Sans murmurer quittons la vie;
Vingt docteurs, dans ce moment-là,
Ne pourraient nous tirer d'affaire.
Quand la mort dira : « Me voilà! »
Il faudra bien la laisser faire.

FIDELIO

CHANSON VÉNITIENNE.

Traduction et air : *O Pescator delle onda Fidelio.*

O doux pêcheur de l'onde, } *bis.*
   Fidélio,
Viens pêcher près de là ;
Que ta barque me seconde ;
Doucement dirige-la,
   Fidélio, lon la !

— Que veux-tu que je pêche, } *bis.*
   Fidélia ?
— L'anneau qui m'échappa !
Que ta barque se dépêche ;
Doucement dirige-la,
   Fidélio, lon la.

Je donne pour ta peine, } *bis.*
   Fidélio,
Ma bourse et cent ducats !
Que ta barque le ramène ;
Doucement dirige-la,
   Fidélio, lon la !

— Je ne veux pour ma peine, } *bis.*
   Fidélia,
Qu'un doux baiser de toi !
Mais il faut que je le prenne,
Car ton anneau, le voilà !
   Fidélia, lon la !

                    Marc CONSTANTIN.

DIVINE NATURE

« On ne revient point
impie du royaume de la
solitude. »
Regno solitudinis.

(CHATEAUBRIAND.)

Air : *Les Quatre âges du cœur.*

L'âme qui souffre aime la Thébaïde ;
Pour la chercher on marche dans un bois,
Au bord d'un lac ou d'un ruisseau limpide ;
Là, des méchants on n'entend plus la voix.
Du renouveau, l'éclatante parure
Rend aux oiseaux bocages et buissons,
Je puis errer sous un dais de verdure
En écoutant leurs naïves chansons.

    Divine nature !
    Spectacle enchanteur !
    Ta beauté si pure
    Rend la paix du cœur.
    Quand, triste et rêveur,
    Je sens la douleur,
    Une simple pleur
    Me rend le bonheur.

Ambitieux qui courez dans la boue,
Cherchant partout, sans songer aux siffleurs,
La Renommée, arbre que l'on secoue,
Et dont le vent emporte au loin les fleurs,
Rêvez un nom que la gloire environne ;
Votre repos dépend de vos succès ;
Pour être sûr d'avoir une couronne,
Moi je m'égare où croissent les bluets.
    Divine nature, etc.

Quand j'accomplis un champêtre voyage,
Je suis heureux, je n'ai plus de désirs;
A l'aquilon, précurseur de l'orage,
Vient succéder l'haleine des zéphirs;
Des vains discours, des périphrases nulles,
Dans la vallée on n'entend plus le bruit;
Et, renfermés entre deux crépuscules,
Mes rêves purs s'éteignent à la nuit.
　　Divine nature, etc.

Salut, salut, imposante nature!
Tableau sublime et fait pour attendrir,
C'est devant toi que l'humble créature
Sent sa faiblesse et vient se recueillir.
Chaque seconde est un pas vers la tombe,
Tout périra sous le pavillon bleu;
Notre existence est la feuille qui tombe,
Mais nos pensers nous rapprochent de Dieu.
　　Divine nature, etc.

ÉMILE CARRÉ.

ÉCRIRE FRANCO

A. HURÉ, libraire-éditeur, à PARIS
14, RUE DU PETIT-CARREAU, 14.

Maison spéciale pour toutes les Publications en Musique
petit format, à **20, 25, 40, 50** et **60** centimes net

Commissions pour la province

Éditeur de la collection populaire

LES SUCCÈS

Cette collection renferme le choix le plus varié de Romances, Chansons, Chansonnettes, Scènes comiques et Duos. **525** livraisons sont en vente.

PRIX DE LA LIVRAISON : **20 cent.**, RENDUE FRANCO

Le Catalogue de cette collection sera adressé *franco* aux personnes qui en feront la demande par lettre affranchie.

Paris. Typ. Beaulé, rue Jacq de Brosse, 10

TOUT LE MONDE
PASSE PAR LA

Paroles et musique d'ÉMILE DURAFOUR.

La Musique se trouve chez A. REPÉRÉ, libraire-éditeur, à Paris,
rue du Petit-Carreau, 14.

Aimant la philosophie,
Je vais ici vous chanter
Les passages de la vie
Dont il faut se contenter.
Lorsque nous venons au monde,
Que l'on soit fille ou garçon,
Nous chantons tous à la ronde
Une drôle de chanson.
Nous avons beau dire et beau faire,
  Trou la la,
Du petit au grand, sur la terre,
  Trou la la,
Tout le monde passe par là,
Tout le monde passe, passe par là.

Fuyant l'état du bon drille,
Trop heureux étant garçon,
Nous prenons femme gentille
Qui n'est souvent qu'un démon.
Mais nous avons l'avantage
D'avoir, quelque temps plus tard,
Pour orner notre ménage,
Un charmant petit moutard.
Ah ! comme il ressemble à son père,
  Trou la la.
Nous avons beau dire et beau faire,
  Trou la la,
Tout le monde passe par là,
Tout le monde passe, passe par là.

Album du Gai chanteur.   5ᵉ vol. 99ᵉ liv.

En sortant de la mairie,
Notre femme est un agneau;
L'on se dit : Qu'elle est jolie !
Rêvant un bonheur nouveau.
Mais plus tard, quand on s'y frotte,
C'est le diable à la maison :
Elle porte la culotte
Et nous autres le jupon;
C'est tout simplement le contraire,
    Trou la la.
Nous avons beau dire et beau faire,
    Trou la la,
Tout le monde passe par là,
Tout le monde passe, passe par là.

Bâtis de la même étoffe,
Nous changeons en grandissant :
L'un devient un philosophe,
L'autre un crétin médisant;
Car ici-bas, c'est l'usage,
Faites bien ou faites mal,
Notre charmant voisinage
Rédige un petit journal,
Dont les cancans nous font la guerre,
    Trou la la.
Nous avons beau dire et beau faire,
    Trou la la,
Tout le monde passe par là,
Tout le monde passe, passe par là.

La vie est une chandelle
Que nous brûlons des deux bouts;
L'on se creuse la cervelle
Pour amasser quelques sous;
Puis arrive la camarde,
Qui nous dit très-gentiment :
Vite, descendons la garde,
Le vieux Caron vous attend!
Que l'on soit pauvre ou millionnaire,
    Trou la la,
Nous avons beau dire et beau faire,
    Trou la la,
Tout le monde passe par là,
Tout le monde passe, passe par là.

LE SAGE
COMME IL Y EN A TANT
CHANSONNETTE
Par PAUL DE KOCK.

Air de Lantara.

Comme je fais vœu d'être sage
  Sitôt que je n'ai pas d'argent!
Des plaisirs repoussant l'image,
  Le monde me semble affligeant;
Mais aussitôt que je sens dans mes poches
  Sonner les fonds que j'ai reçus,
Je ne puis plus songer qu'à des bamboches,
  Et je fais rouler mes écus.

Lorsque je suis à court d'espèces,
  Je me dis : Fuyons la beauté!
C'est par de trompeuses caresses
  Que jadis l'homme fut tenté.
Mais aussitôt que la fortune arrive,
  D'un bel œil admirant l'émail!
Chaque minois me séduit, me captive!
  Je voudrais avoir un sérail!

Le jeu n'est qu'une frénésie!
  Me dis-je quand j'ai tout perdu.
L'homme atteint de cette folie
  Mériterait d'être pendu.
Mais quand je vois de l'or dans ma cassette,
  Je mets des cartes de côté;
Et si je quitte un moment la roulette,
  C'est pour jouer à l'écarté.

Quel ennui de manger, de boire!
  Me dis-je quand je n'ai plus rien ;
Un ivrogne perd la mémoire,
  Un gourmand dépense son bien!
Mais quand Plutus me devient favorable,
  Bon dîner me paraissant doux,
Chez un traiteur je vais me mettre à table
  Et je passe la nuit dessous.

LE RONDEAU
D' CHEUX NOUS

RONDE

Paroles de PAUL DUPONT. Musique de H. GONDOIS.

La Musique se trouve chez **A. IIURÉ**, libraire-éditeur, à Paris,
rue du Petit-Carreau, 14.

Savez-vous comment l'on danse
Le rondeau d' cheux nous?
Fill's et garçons, en cadence,
Se font (*ter*) les yeux doux.
Oh! oh! oh! ah! ah! ah!
L' joli p'tit rond, l' joli p'tit rond!
Oh! oh! oh! ah! ah! ah!
L' joli p'tit rondeau que c'est ça!

On dit que, dans les grand's villes,
Y a des bals qui font fureur.
Ah! laissez-nous donc tranquilles!
Moi, ces bals-là me font peur.
J'aime bien mieux, sur l'herbette,
Danser avec mon Lucas,
En tapinois et seulette,
Sans faire tant d'embarras.   (*bis.*)
　Savez-vous, etc.

Autrefois, dans le village,
Notre curé défendait
A toute fillette sage
De danser le menuet.
Cependant, Lucas persiste
A dire, le croiriez-vous?
Que, depuis qu' le monde existe,
On dans' le rondeau d' cheux nous.   (*bis.*)
　Savez-vous, etc.

Pourtant, il est une chose
Qui m' fait souvent réfléchir;
J' la dirais bien, mais je n'ose
Vous l'avouer sans rougir :
C'est que, depuis que je danse,
Avec Lucas, ce rondeau,
J' veux toujours qu'il recommence.
Tell'ment je le trouve beau! (*bis*)
   Savez-vous, etc.

Mais comme, hélas! en ce monde,
Tout' médaille a son revers,
Depuis que j' dans' cette ronde,
Je me sens tout à l'envers.
Mon Lucas ne fait qu'en rire
Et me dit, en m'embrassant :
Qu'ici-bas tout c' qui respire
Se confectionne en dansant. (*bis.*)
   Savez-vous, etc.

Si jamais je deviens mère
D'un beau petit chérubin,
Parmi vous, messieurs, j'espère
Pouvoir trouver un parrain.
En attendant que s'apprête
Notre joyeux festival,
Que vos bravos, de la fête,
Ici donnent le signal... (*bis*)
   Savez-vous, etc.

LE ROI DES MERS

Souvenir du neuvième siècle

CHANSON MARITIME

Paroles de LÉON QUENTIN. Musique de A. LAGARD.

La Musique se trouve chez A. HURÉ, libraire-éditeur, à Paris,
rue du Petit-Carreau, 14.

Le ciel est pur. Seul sous la voûte immense,
Mon esquif vole et fend les flots amers.
Rien n'interrompt le calme et le silence,
Rien que l'oiseau qui rase l'eau des mers!
Vents, levez-vous! vers la rive prochaine
Conduisez-moi, mon glaive a soif de sang!
Oui, je suis roi, roi d'un vaste domaine, } bis.
Miroir du ciel, qu'on nomme l'océan!

Mon frère aîné possède en apanage
Un sol fertile et de riches moissons;
Moi, j'ai reçu pour unique héritage
Mon fier navire et de gais compagnons.
J'ai, pour fêter ma grandeur souveraine,
Le vent sinistre et le flot mugissant.
Oui, je suis roi, roi d'un vaste domaine, } bis.
Miroir du ciel, qu'on nomme l'océan.

J'ai fait trembler tous les rois de ce monde,
Rois énervés par des plaisirs sans fin;
Je leur ai pris leurs filles, brune ou blonde,
A l'hydromel j'ai mêlé leur doux vin;
Jusqu'à Paris j'ai remonté la Seine;
A mon nom seul frémit le plus puissant.
Oui, je suis roi, roi d'un vaste domaine, } bis.
Miroir du ciel, qu'on nomme l'océan!

Honte à celui que son heure dernière
Trouve amolli dans un lâche repos!
Je veux mourir poussant mon cri de guerre
Et disparaître au plus profond des flots.
Odin, là-haut, me tend sa coupe pleine,
Un siége d'or auprès de lui m'attend.
Oui, je suis roi, roi d'un vaste domaine, } bis.
Miroir du ciel, qu'on nomme l'océan!

LE BIJOU DE TOINON

CHANSONNETTE

Paroles de E. KLOTZ. Musique de M. LASSIMONNE.

La musique se trouve chez A. HURÉ, libraire-éditeur, à Paris, rue du Petit-Carreau, 14.

D'être rosièr' mam'zell' Toinon
    S' mourait d'envie ;
Sa mèr' lui dit : Mon p'tit mignon,
    D' la modestie ;
Ne r'gard' jamais autour de toi
Quand quelqu'un veut t' conter fleurette,
Et garde bien c' bijou qu'autr' fois
J'ons mis dessous ta collerette ;
    Garde ton bibi,
    Garde ton joujou,
C'est un trésor, sois-en bien fière ;
    Garde ton bibi,
    Garde ton joujou,
Gard' ton bijou, tu s'ras rosière.

Toinon s' souvient de la leçon
    De sa bonn' mère,
Elle fuit aussitôt qu'un garçon
    Cherche à lui plaire.
Les amoureux, tout en émoi,
Parl'nt de s' noyer ou ben de s' pendre ;
Toinon se sauv', tant elle croit
Qu' c'est son bijou qu'ils veul'nt lui prendre ;
    Son petit bibi,
    Son petit joujou,
Trésor chéri dont elle est fière,
    Son petit bibi,
    Son petit joujou
Qu'ell' garde ben pour êtr' rosière.

En s'enfuyant ell' gagn' le bois;
  Près du village,
Mais ell' rencontr' le gros Eloi
  Sous le feuillage;
Crac! tous deux, glissant à la fois,
Tombent par terre; Eloi qui tremble
Soutient Toinon, et dans le bois
Ils restèr'nt ben longtemps ensemble :
    Le joli bibi,
    Le charmant joujou,
Que devint-il dans la clairière?
    Ton précieux bibi,
    Ton précieux joujou,
L'as-tu toujours, belle rosière?

Arriv' le joli mois de mai;
    Tout le village
Se met en fêt' plus que jamais,
    Selon l'usage;
On ne sait pas encor le nom
De la rosièr'. Etait-elle belle?
C'est sans dout' la petit' Toinon?
Ell' n'a plus son bijou sur elle.
    Quoi! son beau bibi,
    Quoi! son beau joujou?...
Hélas! perdu... Mais elle est fière,
    Car sans son bibi,
    Son joli joujou,
Eloi l'épous' sans êtr' rosière.

LES
PROJETS DE SAGESSE

CHANSONNETTE

Par JUSTIN BOUISSON

Air : *Ce qu'on éprouve en vous voyant.*

Lise demain visitera
Ma simple et modeste chambrette ;
Si je suis tendre avec Lisette,
Mon vieux docteur me grondera.
Pour ma santé qui déménage,
Quand le régime est de rigueur,
Je crains tant Lisette — et mon cœur !
Mais j'ai promis de rester sage,
Je l'ai promis à mon docteur.

J'entends le signal de l'amour ;
Lise a paru fraîche et riante,
Et d'abord sa bouche charmante,
Dans vingt baisers, m'a dit : Bonjour !
Je n'ai point le triste courage
De l'affliger par ma pudeur.
Ah ! plutôt dans ma vive ardeur !
Mais j'ai promis de rester sage,
Je l'ai promis à mon docteur.

Lise, de grâce ! éloigne-toi ;
Plus de baisers, je t'en supplie.
Jamais tu ne fus si jolie.
Je t'adore, mais laisse-moi.
Sur ton front, pourquoi ce nuage?
Lise, pourquoi cet air boudeur?
Je ne suis ni froid ni trompeur.
Mais j'ai promis de rester sage,
Je l'ai promis à mon docteur.

Bon ! la voilà sur mes genoux !
Ah ! quel danger court ma sagesse !
Sa main me flatte et me caresse,
Son air est si tendre et si doux !
Comment résister au langage
De ses yeux noyés de langueur ?
Je cède à leur charme vainqueur ;
Une autre fois je serai sage,
Je le promets à mon docteur.

Lise, prends place à mon côté ;
Viens, oh ! viens, je t'en conjure !
Ne garde pour toute parure
Que ton amour et ta beauté.
Aimer, c'est connaître l'usage
Du temps, trop court pour le bonheur.
D'aimer savourons la douceur.
Mais dès demain je serai sage,
Je le promets à mon docteur.

CHARMANTE GABRIELLE

ROMANCE

Attribuée à HENRI IV.

Charmante Gabrielle,
Percé de mille dards,
Quand la gloire m'appelle
A la suite de Mars,
Cruelle départie !
  Malheureux jour !
Que ne suis-je sans vie
  Ou sans amour !

L'amour, sans nulle peine,
M'a, par vos doux regards,
Comme un grand capitaine
Mis sous ses étendards.
Cruelle départie !
  Malheureux jour !
Que ne suis-je sans vie
  Ou sans amour.

Si votre nom célèbre
Sur mes drapeaux brillait,
Jusqu'au delà de l'Èbre
L'Espagne me craindrait.
Cruelle départie !
  Malheureux jour !
Que ne suis-je sans vie
  Ou sans amour !

Je n'ai pu, dans la guerre,
Qu'un royaume gagner ;
Mais sur toute la terre
Vos yeux doivent régner.
Cruelle départie !
  Malheureux jour !
Que ne suis-je sans vie
  Ou sans amour !

Partagez ma couronne,
Le prix de ma valeur;
Je la tiens de Bellonne :
Tenez-la de mon cœur.
Cruelle départie !
 Malheureux jour !
C'est trop peu d'une vie
 Pour tant d'amour.

Bel astre que je quitte,
Ah ! cruel souvenir !
Ma douleur s'en irrite.
Vous revoir ou mourir.
Cruelle départie !
 Malheureux jour !
C'est trop peu d'une vie
 Pour tant d'amour.

Je veux que mes trompettes,
Mes fifres, les échos,
A tous moments répètent
Ces doux et tristes mots :
Cruelle départie !
 Malheureux jour !
C'est trop peu d'une vie
 Pour tant d'amour.

ÉCRIRE FRANCO

A. HURÉ, libraire-éditeur, à PARIS

14, RUE DU PETIT-CARREAU, 14.

Seul propriétaire des chansons contenues dans l'**Album du Gai chanteur.**

(Reproduction complétement interdite.)

Paris. — Typ. Beaulé, 10, rue Jacques de Brosse.

RÊVES de JEUNESSE

ROMANCE

Paroles de **Henri de LAROCHE**. — Musique de **F. LAFAYE**.

La musique se trouve chez **A. HURÉ**, libraire-éditeur, à Paris, rue du Petit-Carreau, 14.

Joyeux enfants du pays de Bohême,
La liberté fut mon bien le plus doux ;
Voici le temps où l'on vit, où l'on aime,
J'ai résolu de vivre parmi vous.
La pauvreté n'a rien qui m'épouvante,
Elle n'abat que les plus faibles cœurs ;
Je veux ma place au soleil qui me tente : ⎱ *bis.*
Les bois sont verts, les lilas sont en fleurs. ⎰

Un joug honteux, dès mon adolescence,
Laissa mes jours dans l'ombre se flétrir ;
Mon cœur fermé vivait d'indifférence :
Ah ! vivre ainsi, c'était deux fois mourir.

Album du Gai chanteur.   5e vol., 100e livr.

Mon âme, enfin, jette un cri de détresse,
Mon front rayonne à travers tous mes pleurs ;
Soleil de mai, rendez-moi ma jeunesse :
Les bois sont verts, les lilas sont en fleurs. } *bis.*

Je sais fort bien qu'on nommera folie
Ce libre essor d'un cœur indépendant ;
Que bien des voix, empreintes d'ironie,
Voudront ternir mon rêve éblouissant ;
Mais ce matin, j'ai vu les hirondelles
Qui, du printemps, célébraient les douceurs ;
Je suis poëte et je me sens des ailes :
Les bois sont verts, les lilas sont en fleurs. } *bis.*

Nul ne saurait trahir sa destinée,
J'ai besoin d'air, de lumière et d'amour ;
D'illusions la route est parfumée,
Je veux chanter jusqu'à mon dernier jour.
Si, par malheur, en chemin je succombe,
Pour qu'un parfum passe sur mes douleurs,
O mes amis, allez creuser ma tombe
Sous les bois verts et les lilas en fleurs. } *bis.*

LE SOIR
LA NUIT, LE JOUR

Air du *Petit mousse noir.*

LE SOIR.

Déjà l'ombre, dans la vallée,
Etend le deuil sur le hameau,
Et la triste et jaune feuillée
Abandonne le vieil ormeau!
Hélas! dans ma douleur suprême,
Je n'entends que l'écho là-bas!
Pleurons, pleurons, celui que j'aime
    Ne revient pas!

LA NUIT.

Minuit! Maintenant tout sommeille,
Oubliant les travaux du jour;
Et moi, pourtant, ici je veille
Seule et conduite par l'amour!
Une rivale, ô peine extrême!
Plus que moi l'aime-t-elle? hélas!
Prions, prions, celui que j'aime
    Ne revient pas!

LE JOUR.

Voici le jour! La tourterelle
Chante le ramier qui la suit!
Mais, en songeant à l'infidèle,
Moi j'ai pleuré toute la nuit!
Qu'ai-je entendu? Dieu! c'est lui-même,
Oui, c'est lui qui me tend les bras!
Aimons, aimons, celui que j'aime
    M'attend là-bas!

Marc CONSTANTIN.

IMOGINE
ET
ALONZO

— Il le faut, disait un guerrier
A la belle et tendre Imogine,
Il le faut : je suis chevalier,
Et je vais à la Palestine. -
Tu me pleures en ce moment :
Que ces pleurs ont pour moi de charmes !
Mais il viendra quelque autre amant,
Et sa main essuiera tes larmes.

— Moi, t'oublier ! non, non, jamais,
Cher Alonzo, répond la belle :
Mort ou vivant, je te promets
De te rester toujours fidèle.
Si j'étais parjure à ma foi,
Que le jour de mon mariage,
A table, assis auprès de moi,
Mes yeux puissent voir ton image.

Que le fantôme d'Alonzo
Atteste ses droits sur mon âme ;
Qu'il m'entraîne dans le tombeau,
En disant : *Elle était ma femme.*
Douze mois se sont écoulés ;
Un baron de haute origine,
Par mille présents étalés,
Demande la main d'Imogine.

L'éclat du nom et des bijoux
Eblouit la belle et l'enchante :
Il est accepté pour époux.
La fête arrive, elle est brillante ;

Joyeux festin va commencer ;
En chantant l'épouse nouvelle ;
Chaque ami vient de se placer...
Un étranger est auprès d'elle.

Son air, son maintien, son aspect,
Et surtout sa taille imposante,
Semblent imprimer le respect
Et je ne sais quelle épouvante ;
Son casque le couvrait si bien,
Que chacun en vain l'examine :
Immobile, il ne disait rien,
Mais il regardait Imogine.

D'un ton qui marque la frayeur,
A l'étranger elle s'adresse :
— Baissez votre casque, seigneur,
Et partagez notre allégresse.
L'étranger se rend à ses vœux.
O ciel ! ô surprise effroyable !
Son casque ouvert, à tous les yeux,
Présente un spectre épouvantable.

Pâle et debout, l'affreux géant
Dit à la tremblante Imogine :
— Reconnais-tu bien maintenant
Alonzo, mort en Palestine ?
Ta bouche autrefois lui jura
Qu'aux amants tu serais rebelle ;
Tu disais : Il me trouvera,
Mort ou vivant, toujours fidèle. »

CHANSON A BOIRE

CHANTÉE DANS
VERSEZ, MARQUIS !

Par Mlles S. ALTER, J. DEHL et M. BOURGOIN

Paroles de A. BOUVIER et Ed. PRÉVEL. — Musique
de Frédéric BARBIER.

La Musique se trouve chez **A. HURÉ**, libraire-éditeur, à Paris,
rue du Petit-Carreau, 14.

Une danseuse d'Opéra
　Un beau jour voulut rire,
A cet effet elle inventa
　Ce que je vais vous dire :
Tra la la la la la la la,
　Versez, versez le rubis, } bis
Tra la la la la la la la,
　Versez, versez, versez, marquis !

Mais il faut dire avant cela,
　Pour que chacun l'admire,
Qu'un marquis était dans tout ça ;
　On faisait son martyre.
　　Tra la la, etc.

On apprit que ce faquin-là
　Avait osé prédire
Que la danseuse d'Opéra
　Lui gardait son sourire.
　　Tra la la, etc.

Un gros pari s'est fait déjà
　Et le marquis soupire ;
Je sais bien la fin de tout ça,
　Mais point ne veux la dire.
　　Tra la la, etc.

Le dénoûment de tout cela,
　Je vais enfin le dire :
Ce fut la Guimard qui gagna ;
　Le marquis sut en rire.
　　Tra la la, etc.

UN MÉNAGE AUVERGNAT

DUO COMIQUE

Paroles d'A. DESCHAMPS. Musique de Mme F. DOYON.

La Musique se trouve chez **A. HEURÉ**, libraire-éditeur, à Paris, rue du Petit-Carreau, 14.

SUZETTE *et* PIERRE.

Rions, chantons, et you! faigeons la noche!
De plaijir flanquons-nous une boche,
Et prouvons qu' nous chavons aussi bien
Nous amuger qu' méchieux les Parigiens.

(*Ils dansent en chantant*).

Tra la la la la la la
La la la la la la la
La la la la la la la you!

SUZETTE, *faisant sa révérence au public*.

Pour la premièr' fois de ma vie,
Messieurs, mesdames, je me marie.

PIERRE.

Messieurs, mesdames, quant à présent,
J' pouvons bien vous en dir' autant

Che n'est pourtant point faute d'occasion, oustra! car à Paris toutes les jolies filles y gétaient folles de moi.

SUZETTE. — Mais tu as résisté à la tentation, pas vrai, Pierre?

PIERRE. — Je crois bien.

SUZETTE. — On a pourtant dit au pays que tu avais une connaissance?

PIERRE. — Moi, j'ai toujours été sans connaissance.

SUZETTE. — Ben vrai, Pierre?

PIERRE. — Je chuis incapable de manquer aux convenanches auprès du sexe, surtout si ch'est une fille, une femme ou une demoigelle.

SUZETTE. — Eh bien! alors, puisque tu as été bien sage, embrasse-moi.

PIERRE. — Je n'ose pas devant le monde, vougri! Ah! quand nous serons tous les deux fache à fache et que personne ne nous verra...

SUZETTE. — Eh bien! qu'est-ce que tu feras?

PIERRE. — Che que je fera?... je ne chais pas; mais je crois que je t'embrassera comme ça, fouschtra!... (*Au refrain.*)

> Pour que la noche soit complète,
> Je veux avoir une musette,
> Et nous prendrons nos gais ébats
> A la mode des Auvergnats.

Ah! fouschtra! parla-moi du plaijir où cha ne coûte que la peine de le prendre.

SUZETTE. — Dis donc, Pierre, qu'est-ce que tu vas me faire présent pour mon cadeau de noche?

PIERRE. — Je te dirai cha quand nous cherons chez nous tous les deux.

SUZETTE. — Je veux que tu me le dises tout de chuite, ou je vas retrouver mochu le maire, à qui tu as juré de m'obéir avec obéissance.

PIERRE. — Qu'est che que tu dis donc là? mais ch'est le contraire, ch'est toi qui as dit cha.

SUZETTE. — Moi? pas si bête!

PIERRE. — Ah! si.

SUZETTE. — Ah! non.

PIERRE. — Ah! si.

SUZETTE. — Ah! non! Ah! monstre! tu me tiens tête le premier jour de mes noches! eh bien! tiens! (*Elle lui donne un soufflet et pleure.*)

PIERRE, *se frottant la joue.* — Fouschtra! je crois que ma femme me bat!

SUZETTE. — Brigand! scélérat! chi tu ne me chèdes pas, je vas recommencha!

PIERRE. — Attends au moins que nous choyons seuls chez nous; là, tu me cogneras tant que tu voudras, et personne ne le saura; mais, en attendant... (*Au refrain.*)

> Nous serons heureux en ménage
> Comme deux oiseaux dans leur cage;
> Je veux que de tous les côtés
> Nous soyons des époux vantés.

SUZETTE. — Eh ben! à la bonne heure, Pierre, voilà que tu te réveilles.

PIERRE. — Est-che que j'ai dormi, par hasard?

SUZETTE. — Non; mais un jour de noche, on a besoin de s'étourdir.

PIERRE. — Ah! il faut que je m'étourdisse? ça ne sera pas difficile; tiens, attends! (*Il tourne sur lui-même.*)

SUZETTE. — Mais, imbécile! che n'est pas cha que je veux dire. Ah! quand je penche que je chuis la moitié d'une brute pareille! Bon Dieu de Chaint-Flour! je vous ai donc offensé! Allons, avance, bestia, et comprends bien che que je vais te dire.

PIERRE. — Oui, Sujette.

SUZETTE. — Je veux que tu sois plus dégourdi que che matin.

PIERRE. — Oui, Sujette.

SUZETTE. — Tu comprends que lorsqu'on se marie avec une femme, il faut être tous les jours moins bête que la veille.

PIERRE. — Oui, Sujette, oui.

SUZETTE. — Et si un jour nous avons des petits enfants, — car enfin tu ne sais pas ce qui peut t'arriver, à présent que tu es mon homme et que je suis ta femme...

PIERRE, *avec un gros soupir*. — Ah! oui, je commenche à comprendre qu'en me mariant j'ai pris une rude charge, vougri! mais ch'est égal, tu me donneras des conseils, et je fera tout ce que tu me diras de faire.

SUZETTE. — Eh ben! alors, pour commencha, tu vas m'acheta une paire de pendants d'oreilles, une belle chaine, une belle croix, une belle robe en choie, avec une crinoline en baleine d'acier.

PIERRE. — Oustra! mais cha va me coûter plus cher qu'une pièce de cent sous, tout cha!

SUZETTE, *avec intention*. — Pierre, chi tu ne chuis pas mes conseils, tu t'en repentiras!

PIERRE, *gaiement et prenant son parti*. — Et chi je te refuse pas, qu'est-che que tu feras?

SUZETTE. — Je te prendra comme cha par le bras, et je t'embrassera jusqu'à la fin du monde.

PIERRE. — Et quand cha chera fini, nous recommancherons en chantant... (*Au refrain.*)

LA BELLE MEUNIÈRE

CHANSONNETTE

Paroles d'E. PROST. Musique de N. ANTONY.

La musique chez A. HURE, libraire-éditeur, rue du Petit-Carreau, 14.

Tic tac tic tac, mon beau moulin,
  Tourne, tourne pour me plaire ;
  Je suis la belle meunière
  Aux yeux noirs, à l'air malin.
Tic tac tic tac, mon beau moulin, (bis.)
Tic tac tic tac tic tac tic tac } bis
Tic tac tic tac, mon beau moulin. }

Vraiment, mon joli visage
A fait battre plus d'un cœur,
Et les garçons du village
M'aiment tous avec ardeur.
A ça je ne puis que faire,
Car, parmi tant d'amoureux,
Pas un n'a don de me plaire :
C'est, par ma foi, malheureux. — Tic tac, etc.

De moi, dans le voisinage,
On médit, ô quelle horreur!
Ce n'est que du bavardage,
Mais tout cela me fait peur.
Faut-il refuser ma porte
A qui vient moudre son grain?
Chaque jour on en apporte,
Et mon moulin va grand train. — Tic tac, etc.

Quoique je sois paysanne,
Un jour, un riche seigneur
Vint et me dit : Belle Jeanne,
Reçois ma main et mon cœur.
— Votre offre est très-obligeante,
Vraiment, ai-je répondu,
Mais chez vous rien ne m'enchante :
Cessez, c'est du temps perdu. — Tic tac, etc.

Si je soupire en silence,
C'est pour celui qui, là-bas,
Sous les drapeaux de la France,
A porté bien loin ses pas.
Qu'il revienne, et la meunière
Avec bonheur lui dira :
Mon cœur bat, et j'en suis fière,
Pour toi toujours il battra. — Tic tac, etc.

LE
TONNERRE

CHANSON PHILOSOPHIQUE

Par E. DEBRAUX.

La Musique se trouve chez **A. HEURÉ**, libraire-éditeur, à Paris,
rue du Petit-Carreau, 14.

Un jour, l'Éternel en courroux
Avait juré de nous réduire en poudre;
Mais Jésus, qui veillait sur nous,
Osa dire à son père, en arrêtant sa foudre :
Les mortels veulent vous braver,
C'est mériter votre juste colère;
Mais je suis mort pour les sauver,
Laissez reposer le tonnerre! (*bis*).

Ces paroles, qu'on doit bénir,
Nous ont jadis épargné maint orage;
Prêtres, veuillez les retenir;
Ce qui vaut mieux encor, daignez en faire usage.
Voulez-vous que le genre humain
Vous montre enfin un front bien sévère?
Ne prêchez plus le glaive en main...
Laissez reposer le tonnerre! (*bis*.)

Du monde, orgueilleux souverains,
Faudra-t-il donc sans cesse vous le dire?
Dieu mit la foudre dans vos mains
Pour venger vos sujets, et non pour les détruire.
Les immortels sont las de souffrir;
Pour gouverner à présent sur la terre,
Mieux vaut pardonner que punir :
Laissez reposer le tonnerre! (*bis*.)

Et vous, Dieu que nous adorons,
Vous le savez, hélas! dans cette vie,
A chaque pas nous rencontrons,
Au lieu de vrais amis, la discorde et l'envie.
Pour endormir notre douleur,
Un peu de vin nous est si nécessaire!
Ah! lorsque la vigne est en fleur,
Laissez reposer le tonnerre ! (*bis*.)

Des Français lâches détracteurs,
Rappelez-vous que sur la terre et l'onde
Nous étions les foudres vengeurs
Qu'un nouveau Jupiter balançait sur le monde.
Ce feu, par ordre du destin,
A dérobé sa trop vive lumière;
Il dort, mais il n'est point éteint :
Laissez reposer le tonnerre ! (*bis*.)

ÉCRIRE FRANCO

A. HURÉ, libraire-éditeur, à PARIS

14, RUE DU PETIT-CARREAU, 14.

Maison spéciale pour toutes les Publications en Musique petit format, à 20, 25, 40, 50 et 60 centimes net

Commissions pour la province

Éditeur de la collection populaire

LES SUCCÈS

Cette collection renferme le choix le plus varié de Romances, Chansons, Chansonnettes, Scènes comiques et Duos. **525** livraisons sont en vente.

PRIX DE LA LIVRAISON : **20 cent.**, RENDUE FRANCO

Le Catalogue de cette collection sera adressé *franco* aux personnes qui en feront la demande par lettre affranchie.

Paris. Typ. Beaulé, rue Jacq. de Brosse, 10

TABLE

des

CHANSONS, ROMANCES, CHANSONNETTES
et SCÈNES COMIQUES

Contenues dans le cinquième volume de

L'ALBUM DU GAI CHANTEUR

Pages.

81e Livraison.

La Varsovienne, chant patriotique.	1
Ils sont couchés chez la mère Picard, chanson.	4
La Fille difficile, chansonnette.	6
Lise, aimes-tu la musique? chansonnette.	7
Veillons au salut de l'empire.	9
Léonard, parodie.	10

82e Livraison.

L'Anglais bossu, scène comique.	16
Le Bossu.	17
Les Souvenirs, ou Nous vieillissons, chanson.	18
C'est défendu!!	19
Le Tour de France, romance.	21
Que ne suis-je la fougère, ou Les Souhaits, romance.	22
La Brouette de Jeannette, chansonnette.	23

83e Livraison.

La Déesse Ivresse, chanson.	25
C'est l'amour, l'amour, l'amour, ronde.	27
L'Auberge Saint-Antoine, chanson.	28
Les Tribulations d'un buveur, chanson comique.	30
Le Vin de Bordeaux, parodie.	31
Sans toi, romance.	33
L'Anneau talisman.	34
Les Jeux innocents.	35

Pages.

84e Livraison.

Le Passereau, mélodie.	37
Ramonez-ci, ramonez-là, romance.	39
Les Fées du jardin Mabille, ronde.	40
Le Pêcheur-roi.	42
Fanny! la biche du Casino.	43
La Procédure des yeux noirs et des yeux bleus.	45
Mignonnet le tambour, scène militaire.	46

85e Livraison.

Les Riens, chansonnette.	49
Avis aux maris jaloux.	51
Le Fringant tambour, chanson pas redoublé.	52
La Foi, l'Espérance et l'Amour, mélodie.	54
Madame La Vigne, chanson.	55
Depuis que je ne te vois plus, romance.	57
Bécassin le philosophe, scène comique.	58

86e Livraison.

La Légende de la grenouille.	61
Le Petit mari, ronde populaire.	63
Le Soldat en goguette.	64
L'Orgueil du pauvre, chanson dramatique.	66
L'Homme d'affaires, scène comique.	67

87e Livraison.

L'Auvergnat au harem, scène comique.	73
Grisons-nous, ronde de table.	76
Si tu voulais de moi, romance.	78
La Fille de Parthenay, chanson tourangelle.	79
Les Houzards de la garde.	81
Le Curé de Pomponne.	82
Jean Nicolas, c'est un m'lon qui n' mûrira pas.	83

88e Livraison.

Bagnolet, ou Mistiko, parodie.	85
L'Enfant chéri des dames, rondeau.	87
L'Ile de Cythère, chanson badine.	88
Le Départ du grenadier.	90
La Fille de Bohême, boléro.	91
Le Grand festival de M. Lépateur, scène comique.	92

89e Livraison.

Jadis, chansonnette.	97
Les Moines de Saint-Bernardin.	99
Lâches-tu c't osse, mot populaire.	100
Le Pilote sur la mer de Paphos.	102
Le Suisse, scène comique.	103
L'Ermite et le paladin, ballade.	107

90ᵉ Livraison.

	Pages.
Margot la parisienne, parodie de Marco.	109
Le Gondolier fidèle, barcarolle.	114
Hymne aux faucheurs polonais.	115
Le Retour de Pierre, romance.	116
Les Esprits, chanson.	117
Le Cotillon.	119

91ᵉ Livraison.

Un baptême auvergnat, scène comique.	121
Ma cousine.	124
Dans tout il faut avoir du nez, chansonnette.	126
Quatre hommes et un Auvergnat.	127
Le Parfait secrétaire.	129
Enlevé, le ballon !	131

92ᵉ Livraison.

Les Commandements de la basoche.	133
Le Devin des cœurs, ariette.	138
Le Trépas de Crinoline, grrrrande complainte.	139
Ça n' pèse pas une once.	141
Les Effets du champagne.	143

93ᵉ Livraison.

Moi, j'aime la simplicité, chanson.	145
Ma Lucile, oublions-nous.	147
Moi, ça m' fait mal, chansonnette.	148
La Fenêtre de Rose, chansonnette.	150
Le Berger et la bergère, pastorale.	151
La Déclaration villageoise, duo comique normand.	153

94ᵉ Livraison.

Le Qu'en dira-t-on, chansonnette.	157
La Mère esclave, romance dramatique.	159
Histoire du géant Ventre-d'Osier, excentricité lyrique.	160
Vieillesse et souvenirs, romance.	162
Une poule sur un mur, chansonnette.	163
V'là c' que c'est que l' carnaval, chanson comique.	165
La Vie d'un particulier, romance romantique.	167

95ᵉ Livraison.

Les Muses en goguette, chansonnette.	169
Ce qui plaît à ces dames.	171
Hallali, ou Partie manquée, ronde de chasse.	172
Dans ma choli péyis dô Bade.	174
Un peu de bois, un peu de pain, romance.	175
La Gazette des tribunaux, chansonnette comique.	177

96ᵉ Livraison.

Viv' le picton, scène comique.	181
Courir deux lièvres, chansonnette.	185
Cherchez dans les nuages, romance.	186
La Bague à Telle, chansonnette.	187
La Consultation, chanson.	189
Le Droit du chatelain de Béthizy, chanson historique.	191
Il n'est plus là.	192

97ᵉ Livraison.

Les Écoliers de Pontoise, scène comique.	193
L'Amour et le diable, chanson.	197
Les Lilas blancs, mélodie.	198
Je vous emmène à Charenton, chanson.	199
Le Comte Ory, chanson picarde.	201
Le Soleil luit pour tous, chansonnette.	203

98ᵉ Livraison.

Un rhube du cerbeau, scène comique.	205
Le Coup du milieu, chanson de table.	209
Ma chambrette, chansonnette.	210
Parodie de la Première idée.	211
Laissez-vous faire, chansonnette.	213
Fidélio, chanson vénitienne.	214
Divine nature.	215

99ᵉ Livraison.

Tout le monde passe par là.	217
Le Sage comme il y en a tant, chansonnette.	219
Le Rondeau d' cheux nous, ronde.	220
Le Roi des mers, chanson maritime.	222
Le Bijou de Toinon, chansonnette.	223
Les Projets de sagesse, chansonnette.	225
Charmante Gabrielle, romance.	227

100ᵉ Livraison.

Rêves de jeunesse, romance.	229
Le Soir, la nuit, le jour.	231
Imogine et Alonzo.	232
Chanson à boire, chantée dans : Versez, marquis !	234
Un ménage auvergnat, duo comique.	235
La Belle meunière, chansonnette.	238
Le Tonnerre, chanson philosophique.	239

Paris. — Typ. Beaulé, rue Jacques de Brosse, 10.